U0583948

序

　　《三国志·吴书·吕蒙传》中有一句话："光武当兵马之务，手不释卷。"曹操的儿子曹丕撰写的《典论》中也有一句话："上雅好诗书文籍，虽在军旅，手不释卷。"可见自三国起，"手不释卷"就作为一个成语开始广泛流传，意思是"书本不离手，形容勤奋好学"。但是，我认为，如此解释"手不释卷"有以偏概全之嫌。

　　我们知道，每个人读书的目的虽不尽相同，但概而言之无非两种：一是出于功利，二是因为嗜好。如果出于功利，像我读康德的《实践理性批判》和《判断力批判》那样"手不释卷"，当然堪称"勤奋好学"。原因很简单，作为历史学教授，我除了历史学知识，还必须用哲学思想来填充自己的头脑，说到底，我读此类晦涩难懂的书是职业所需。如果出于嗜好，"手不释卷"则显然难以被认定为"勤奋好学"。这是因为有些书对我们有强大吸引力，甚至到了令人废寝忘食的程度。按鲁迅在《而已集·读书杂谈》中的说法，"凡嗜好的读书，能够手不释卷的原因也就是这样"。我从小喜欢看书，经常"手不释卷"，却也经常为此而挨骂。因为，在我父母看来，那是"看闲书"，是不好好学习，浪费时间。所以说他们会认为我"手不释卷"是"勤奋好学"才怪。

宫崎正胜写的书，正是能够令人因为"嗜好"而"手不释卷"的书。按照我的评价，他是属于教师中"舌头"和"笔头"双全的学者。说宫崎正胜"舌头好"，是因为他原先是北海道教育大学专攻国际交流史、世界教育史的老师，后来又担任日本广播协会（NHK）世界史节目的全职讲师。他往往能纵论天下，并且深入浅出，让观众如醉如痴。说宫崎正胜"笔头好"，是因为他写了《世界史图解》《从地名与地图看世界史》《航海图的世界史：海上道路改变历史》《酒杯里的世界史》《舌尖上的世界史》等著作。他观察世界历史的独特视角和引人入胜的叙述方式，让这些书都成了畅销书。

当然，阳春白雪和下里巴人，大家各有所爱。我作为世界史教授，当然清楚畅销书未必真正具有学术价值。我之所以喜欢并愿意推荐宫崎正胜的《大国霸权：5000 年世界海陆空争霸》，不仅是因为这本书具备让喜欢历史、嗜好读书的朋友"手不释卷"的基本要素，更是因为这本书展现了作者俯瞰世界的独特视角。

被誉为"指导未来历史研究的制宪人"的爱德华·卡尔，在《历史是什么》一书中写道："历史是历史学家与历史事实之间连续不断的、互为作用的过程，也可说是现在与过去永无休止的对

话。"为什么是"永无休止的对话"？因为，历史研究有三要素：史实、史料、史家。史家是通过史料认识史实的。前辈史家有意的筛选和无意的疏漏，使后辈始终有理由质疑，他或她的论述是否真实？而后辈史家能否以新的视角和视野对历史重新进行考察，也是一个问题。就这个意义而言，历史研究也是不断求"真"的过程，尽管这种"真"或许永难求得。正所谓"虽不能至，心向往之"。

什么是历史？在汉语中，历史指"过去的事"和"记载和解释过去的事的学科"。在西方语言中，无论是英语的 history、法语的 histoire，还是瑞典语的 história、西班牙语的 historia，均源于古希腊语 Ἱστορίαι，意为"对过去事实的记载"。也就是说，中西方对"历史"的释义，并没有差别。当然，如何记述"过去的事实"，即便是史学家也迥异其趣。概括而言，主要分为两种。一种是直线型，即把历史分为古代史、中世纪史、近代史、现代史。这是最为正统的叙史方式。例如，吴于廑、齐世荣主编的《世界史》（六卷本），就是遵循这种体例。还有一种是区域型，即将世界各国分别划入不同的文化或文明区域进行研究。例如，德国历史学家奥斯瓦尔德·斯宾格勒在《西方的没落——世界史的形态学概论》中，划分出 8 种发展各异的文化，接着逐个细致考察其各个时期的不同现象，揭示不同文化产生、发展、衰亡及毁灭的逻辑规律。复旦大学历史系张广智教授在《西方史学史》中评价道："在 20 世纪的德国乃至西方史学中，斯宾格勒占有重要的一席之地，他是影响深远的文化形态史的创立者。"

　　但是，宫崎正胜的这本书，既不是按时期，将世界历史划分为古代史、近代史、现代史，也不是按区域，将世界历史划分为不同文化，而是提出"世界史可以分为陆、海、空三个阶段"。按照他的观点，"陆地是指亚洲和欧洲大陆，海洋是指连接大陆的大西洋、印度洋、太平洋，空域则由飞机飞翔的天空和因特网的网络空间组成。蒙古、英国、美国是分别与世界史的陆、海、空三个阶段相对应的三个霸权国家"。阿拉伯裔美国学者、世界体系理论代表人物珍妮特·L.阿布·卢格霍特在其1989年出版的《欧洲霸权之前：1250—1350年间的世界体系》一书中曾提出，在16世纪现代世界出现之前，就已经存在一个先进的"13世纪世界体系"，这个体系覆盖了从西北欧到中国的广袤地区，由西欧、中东和远东三个中心地区组成，三者均衡发展，不存在统辖整个世界体系的霸权势力。但是，宫崎正胜在《大国霸权：5000年世界海陆空争霸》里表明，他并不认可这种说法，恰恰相反，他从"霸权"的角度为我们讲述了一部不一样的世界史。总之，我认为本书既能为欣赏"阳春白雪"者提供专业启示，又能为喜欢"下里巴人"者提供知识营养，值得大家都来一读。

冯　玮

2020年3月31日

世界史可以分为
陆、海、空三个阶段

蒙古、英国、美国意味着什么

文明自诞生至今，大约过了 5000 年。在这长达 5000 年的世界史中，有很多霸权国家。如果仅允许列举三个最著名的，大多数人会选择蒙古、英国和美国。

在过去 5000 年中，世界史的主要舞台按照时间顺序排列分别为：陆、海、空。即具体可以分为陆地的历史、海洋的历史和空域的历史。在这里，陆地是指亚洲和欧洲大陆，海洋是指连接大陆的大西洋、印度洋、太平洋，空域则由飞机飞翔的天空和因特网的网络空间组成。蒙古、英国、美国是分别与世界史的陆、海、空三个阶段相对应的三个霸权国家。今天，美国正作为天空的霸权国家"君临天下"。但位于亚欧大陆的中国也越来越强大，在世界上的地位已经举足轻重。

尽管世界史发生了从陆地到海洋再到空域的这一结构性变化，

可是日本属于岛国，因此一直以来日本人都不去理会这些变化而自顾自地生活。不过在第二次世界大战期间，日本的广岛和长崎化为一片废墟，这让日本人首次确确实实地意识到了"世界"的存在。

我们可以说，第二次世界大战前的日本人没有学过世界史。可是为了在化为焦土的国土上实现复兴，日本人又不得不了解现实世界和世界历史。1949 年，即第二次世界大战结束四年之际，日本进行了教育改革，出现了"新制高中"。随后，新制高中开设了世界史课程。但是，1949 年在日本大学里只开设了东洋史学科与西方史学科。众所周知，东洋史学科主要讲的是中国的王朝更替史。而西方史学科主要讲以欧美各国为主的历史，它形成于 19 世纪的欧洲，立足于所谓的基督教式进步史观。在江户时期以前，日本是以中国为学习榜样的，但在明治维新以后，日本便改以欧洲为学习榜样了。所以，东洋史对日本人理解中国不可或缺，西方史对日本人理解欧美至关重要。然而，不论东洋史还是西方史，都不是世界史，都不能用来真正理解世界。

日本在东洋史教学中应用了王朝更迭、变迁的理论框架，这一框架产生于 2000 多年前，可以说非常陈旧。相比之下，日本的西方史受到进化论的强烈影响，属于一门年轻的学问。对日本人来说，东洋史和西方史都是日本人所接受的外国文明的一部分。外国文明是日本人模仿的对象，但日本人在模仿中并没有用自己的头脑来思考世界。

到了 19 世纪，欧洲的西方史构建起强大的体系，并把东洋史纳入了这一体系当中，最终形成了世界史的框架。在这种情况下，日本的学校开始开设世界史课程。对岛国日本来说，世界史的产生是一件具有划时代意义的大事。

随着苏联解体，冷战结束，经济全球化进程加速，亚洲经济在世界上的地位越来越重要。因此，有必要编写新的世界史。特别是 20 世纪 90 年代，人们深感有必要大幅度地对世界史框架进行修改。当时，我也在思考这个问题。正因如此，我入选世界史框架制定委员会，这个委员会负责制定日本高中《世界史》的教学大纲。

制定一个什么样的《世界史》教学大纲，才能让学生从整体上把握世界史的全貌、了解世界的变迁，是一个非常复杂的问题。经过委员们的不懈努力，最后制定的世界史教学大纲概要由以下三个部分组成：其一，各区域世界和交流；其二，一体化的世界；其三，当代世界和日本。制定这一教学大纲，旨在让学生们从这三个部分掌握世界历史。这就是在 1999 年发布的《世界史 A》的简单教学大纲框架。接着，委员们以上述三个部分的框架为基础，制订了学习目标，详情如下：

1. 从风土、民族、宗教等角度论述以亚欧大陆为中心形成的各区域世界的特征。在这部分中，教师主要应讲述各区域世界的相互交流，因为这是世界一体化过程中的重要过渡阶段，让学生们意识到这一点至关重要。

2.16 世纪以后，世界范围内商人的商业版图不断扩展，工业革命后，资本主义制度也随之确立起来。在这一历史背景下，世界一体化进程加速。在这一阶段，我们应该让学生了解欧洲的动向以及日本等亚洲国家是如何应对欧洲的动向的。

3. 当今世界一体化进程加速，我们应让学生理解当今世界的大环境和一体化进程，在此基础上再让学生就人类的课题进行思考。与此同时，让学生理解世界的动向及其与日本的关系。

上述世界史教学大纲的概要介绍得枯燥且抽象，我们简而言之可以概括如下：其一，亚欧大陆有着悠久的"陆地"历史，其代表性的霸权国家是蒙古帝国；其二，海洋占地球表面的七成，大航海时代以后，海洋国家开始支配陆地国家，人类进入海洋国家主宰的历史阶段，海洋国家主宰的历史阶段持续了约 450 年，这一阶段的霸权国家是英国；其三，第二次世界大战以后，飞机和因特网等将世界连为一体，从此进入空域的历史阶段。空域的历史阶段才开始不久，其代表性的霸权国家是美国。

如果我们对蒙古帝国、英国、美国这三个霸权国家的形成过程，以及由这三个霸权国家维持的世界秩序进行比较，就可以清楚地看到世界史按照时间顺序发生了陆、海、空三个阶段的变化。

因此可以说，在日本高中历史教科书《世界史 A》中，就是分陆、海、空三个阶段来讲述世界史的。在这一框架下，让学生理解世界一体化的进程和霸权的位移，掌握世界变迁的轨迹。此前的世界历史教科书只不过是为考生应试而编写的知识的罗列，杂乱无章。这次编写的世界史教学大纲与以往不同，可以让学生理解世界史的结构，简单易懂。

　　换个角度来说，人类文明出现以来已经过了 5000 多年。在这 5000 多年间，15 世纪中叶以前属于陆地的历史，15 世纪中叶至 20 世纪初属于海洋的历史，而空域的历史则刚刚走过一个世纪左右。当今的历史书籍非常重视世界一体化这个视角，而研究世界一体化的美国历史学家麦克尼尔和法国的历史学家布罗代尔的著作，更是广受读者欢迎。日本处于亚洲和欧美的过渡带，更应研究世界一体化。日本作家和辻哲郎写的《闭关锁国》和《风土》、饭冢浩二写的《东洋史和西方史之间》等研究世界一体化的著作也很脍炙人口。

　　综上所述，世界史的主要舞台是陆地、海洋、空中，三者的代表性霸权国家分别是蒙古帝国、英国、美国，本书将在论述各个阶段霸权秩序的形成和维持的基础上，对世界史的构成进行深入剖析。我相信本书对读者思考世界史问题定会大有裨益。

宫崎正胜

2019 年 6 月

目录

导读

霸权从陆地向海洋、空域的转移

第一编

陆地霸权 和 蒙古帝国

第一章　陆地世界是经过长年累月形成的

第二编

海洋霸权和大英帝国

第五章 欧洲人发现海洋，进入大航海时代

第三编

空域霸权和美国

第九章　移民大国美国在新大陆发展迅速

第十章　欧洲各国衰落了，美国经济一枝独秀

第十一章　美国掌握的空域霸权及中国的和平崛起

导读

霸权
从陆地向
海洋、空域
的转移

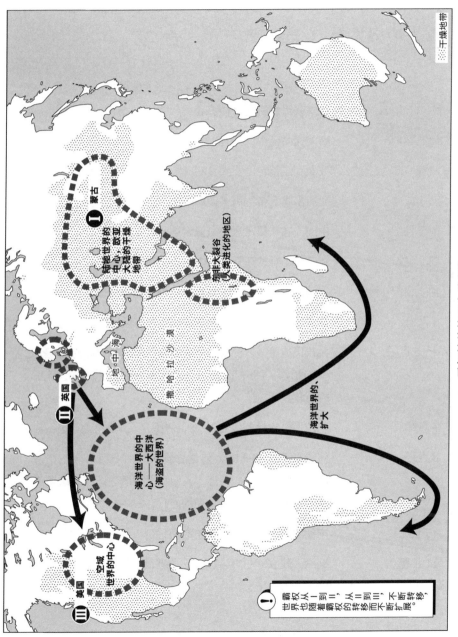

霸权转移的三个阶段①

---

① 本书全部地图均系原文插图。

世界历史年表

文明诞生	约 1 万年前	在气候干燥的约旦种植麦类。
	前 3000 年	四大文明诞生。
	前 550 年	波斯帝国整合了三大文明。
	前 330 年	亚历山大大帝征服了波斯帝国。
	前 3 世纪	中国人在气候干燥的东亚大地上建立了秦朝。
	前 2 世纪	在气候干燥的东亚大地上，汉朝和游牧民族相争。
	前 1 世纪	罗马在地中海建立了世界上第一个海洋帝国。
I 陆地历史	4 世纪	拜占庭帝国和波斯萨珊王朝相争（4 世纪至 7 世纪）。
	4—6 世纪	游牧民族南下，游牧民族统治着中国气候干燥的地区。中国江南、朝鲜半岛、日本列岛等气候湿润的地区开始有政权建立。
	7 世纪	阿拉伯游牧民族建立阿拉伯帝国。
	8 世纪	阿拔斯王朝在亚欧大陆建立巨大的商业贸易区，在印度洋、孟加拉湾、南海，人们利用季风进行航海活动，开展贸易，亚洲进入大航海时代。
	10 世纪	宋朝建立，中国的经济中心南移至气候湿润的地带。
	11 世纪	突厥人建立塞尔柱帝国。欧洲进行中世纪农业革命。

13 世纪	蒙古帝国统一了亚欧大陆的气候干燥地区。
15 世纪	世界进入大航海时期，人类发现了"海洋"世界。
16 世纪	甘蔗种植园等发展起来。新大陆的白银开始在全世界流通。
17 世纪	"海盗的后裔"荷兰掌控了地中海，在世界海洋上取得霸主地位。荷兰在世界各地开展贸易，因此有"海上马车夫"之称，资本主义得以发展起来。
18 世纪	霸权从荷兰转移到英国手中。英国发生工业革命，环大西洋地区发生革命，大西洋地区建立了民族国家政治体制。
19 世纪	欧美国家铁路建设发展迅速，发生了第二次工业革命。南北战争结束后，美国社会实现了重组。之后，美国经济突飞猛进。
1869 年	能通行蒸汽轮船的苏伊士运河通航，世界进入电气时代。
1903 年	《巴拿马运河条约》签订。莱特兄弟进行了第一次飞机试飞。
1914 年左右	第一次世界大战爆发，飞机开始应用到军事上。第一次世界大战结束后，飞机开始应用到民用领域。
20 世纪后半期	美国确立了空域霸权，喷气式飞机开始普及。
20 世纪末	由于因特网的发展，电子网络空间开始覆盖全球。

第一次转换期　Ⅰ陆地历史　Ⅱ海洋历史　第二次转换期　Ⅲ空域历史

霸权从陆地向海洋、空域的转移

陆地和海洋关系密切

我们生活在地球上，陆、海、空是我们主要生活的空间。为了对陆地、海洋与天空的关系有个整体印象，我首先从水循环的角度就海洋和大气循环支撑着陆地生活这一点进行说明。

地表的七成是海洋，也就是说水有的是，要多少有多少。然而，世界史的大部分篇章却是在沙漠、草原这类干燥的大地上展开的。为什么会出现这样的结果？

首先我们知道，地球上 97.5% 的水是海水、湖泊和地下咸水，淡水只不过占 2.5%。海水不能饮用，也不能用来灌溉麦类和水稻。而饮用水和农业用水使用的几乎都是海水经蒸发之后降下的淡水，都源于大海。在赤道附近海水大量蒸发，大气每天将大量的淡水送往世界各地，形成在全球范围内的循环。在赤道地带一整年高温持续，海水蒸发，不断产生巨大的积乱云。积乱云在上升过程中，一边带来大量的雨水，一边跟随地球的自转而移动，就这样，它变得越来越干燥，最后停留在南北纬 23° 26′（南北回归线）附近。

　　结果，亚欧大陆上形成了广阔的干燥地带，干燥的大地成为世界史的主要舞台。就是说，如果没有海洋的话，我们的陆地世界史是不能成立的。

　　以前，人类是无法想象水循环全貌的，而今情况完全不同了。我们通过气象卫星可以观测到全球的云的移动，在互联网的网站上也能够实时看到大气的循环。我们就像大魔法师用魔镜确认全球范围内水的移动一样，能居高临下地观测全世界的情况。相信很快，我们对世界史的理解也会发生变化。

历史开始于干燥地带

　　世界史的大部分是在亚欧大陆东西向的带状干燥地带展开的，因此亚欧大陆的历史悠久。与此相对，日本等所属的温带湿润地区的文明历史较短。为什么历史会开始于条件较为恶劣的干燥环境呢？

　　众所周知，人类诞生并最初进化的地方是东非大裂谷。在东非大裂谷，类人猿开始用两条腿直立行走，继而进化为智人（Homo sapiens）。然而，由于冰河期的到来，智人的生活条件持续恶化，不得不移居到其他地方。智人离开东非大裂谷后向东迁徙，逐渐来到了气候干燥地带。

　　在多年前，我写了一本书，名叫《风改变了世界史——季风、偏西风、沙漠》。在这本书中，我就智人的迁徙进行了论述。东非大裂谷基本上是干燥地带，不过智人迁徙到的地方生存环境更恶劣。智人来到了与东非大裂谷相邻的北非、地中海、西亚，乃至中亚、黄河中游等干燥地带。他们从此进入长期忍受干燥和饥饿的历史时期。

从干燥地带的人类在约旦种植麦类开始算，至今已约 1 万年；从文明在大河流域产生开始算，已有约 5000 年；从波斯帝国建立开始算，已有约 2500 年；从阿拉伯帝国建立开始算，已有约 1350 年；从蒙古帝国建立开始算，已有约 800 年。干燥地带的历史不仅包含着干燥这层含义，还包含着由干燥带来的人类与饥饿的斗争、围绕着水和粮食的斗争，在中东、中亚、中国、印度、俄罗斯的部分地区，时至今日这些斗争还一直持续着。概观气候干燥地带的历史，可以从中发现一个清晰的脉络，即气候干燥地带那些创造历史的人们从约 3000 年前开始，不断向较为肥沃的温带湿润地区扩张。4 世纪至 5 世纪，东亚地区不断对气候湿润的地带进行开发。在这一时期，日本列岛进入了农耕社会。在 11 世纪左右（相当于十字军东征开始的时期），欧洲的农业生产取得了长足的进步。但相比较而言，日本在湿润地带进行农业生产的历史要比欧洲长。古代中国，人口占全球人口的 20%，与其说是一个国家，不如说是一个世界。之所以这样说，是因为中国既有气候干燥地带的农民和畜牧民，也有气候湿润地带的农民，还有在近代、现代产业社会中出生、长大的市民与商人。也就是说，中国的居民结构复杂，造成中国社会的层次更多、更复杂。

15 世纪发现的规模宏大的海洋

占地表面积七成的海洋把大陆作为岛屿分隔开来。古代的波利尼西亚人属于海洋民族，创造了灿烂的海洋历史。在公元前的一千几百年，波利尼西亚人从东南亚沿着一个个岛屿辗转来到东太平洋并在这里定居。在 9 世纪之前，波利尼西亚人已经发展出庞大的生活区域和居住区域。

波利尼西亚人制造了帆船，上面有一种叫作"浮子"的装置，可以防止翻船。波利尼西亚人乘着帆船，利用星星、风和海流，进行航海活动。在1000 年左右，波利尼西亚人在占地球表面积1/3的太平洋上开辟了属于自己的领地，具体包括夏威夷群岛、新西兰、智利的复活节岛，这片海域大致呈三角形，因此被称作波利尼西亚三角地带。时至今日，新西兰原住民毛利人的语言在夏威夷依然能够通用。这一点真令人惊叹不已。

尽管波利尼西亚人进行了大规模的航海活动，但是这一活动并未能将世界史从陆地时代转变为海洋时代。这是因为波利尼西亚人的海洋世界是孤立的，并未跟世界史的主流——干燥大地的历史连为一体。

8 世纪，在阿拔斯王朝的统治下，印度洋被纳入世界史——这是亚洲的大航海时代。可以认为这是陆地的阿拉伯帝国让海洋处于从属地位的一个历史事件，但这并非是以海洋为中心对世界进行了重组。

从 15 世纪中叶开始，世界进入了大航海时代。亚洲的大航海时代与世界范围内的大航海时代有所不同。这是因为大西洋远离亚洲，必须通过欧洲才能到亚洲。在开发大西洋过程中，人们发现大西洋的面积要超过亚欧大陆，以陆地为中心的世界开始向以海洋为中心的世界过渡。该过渡第一阶段的主角是伊比利亚半岛的葡萄牙和西班牙，第二阶段的主角则是寒冷北海地区的海盗后裔荷兰、英国。与此同时，在哥伦布等人前赴后继不断航海的探索下，地球的形象在人们脑海中形成了，而后，哥白尼又将其进行了系统化和理论化。人们这才意识到地表的大部分是海洋，曾几何时，欧洲人认为亚欧大陆是"唯一的世界"，而今欧洲人意识到事实上亚欧大陆只不过是一个大型的"岛屿"而已。这可以看作欧洲人通过大西洋而认识了世界。

世界进入陆地从属海洋的时代

海洋世界对陆地世界进行了重组，其中 17 世纪至 18 世纪属于重组的准备时期，19 世纪属于重组的完成时期。与长达 5000 年的陆地世界史相比，海洋世界史包括过渡期才有 500 年，时间非常短。

从世界范围看，海洋统治陆地这一现象发生在日本明治维新到日俄战争这段时间。在这段时间里，铁制的大型船只实现了量产，连接陆地的蒸汽轮船航线被开辟，使得海洋统治陆地成为可能。英国抓住这个机遇，掌握了世界霸权。当海洋将各大陆连在一起时，就形成了真正意义上的世界，这样一来世界史就变得非常简单。

17世纪以来，世界开始向海洋连接陆地的时代过渡，在这一过程中，北海周边的小国荷兰、英国做出了贡献。在16世纪的宗教改革时期，在荷兰和英国兴起的新教主张脱离教皇统治的天主教欧洲，建立新欧洲。当时，英国与荷兰的商业和手工业发达。本来，荷兰和英国较弱小，但是由于拥有正确的地理观、掌握先进的航海技术、具有新型价值观和社会观，所以能按照自己的意愿改造世界。这样一来，欧洲的中心开始从地中海周边向英国、荷兰所在的北海周边转移。德国的法学家卡尔·施米特在《陆地和海洋》中指出："大航海时代是人类历史上发生的，最重要的空间革命时代。"由于广阔无垠的海洋进入了人们的视野，唯一的亚欧大陆的陆地"世界"蜕变成为多种多样的岛屿中的一个。

英帝国创造了西欧居领导地位的世界

1867年，日本明治维新。之后，爆发了甲午战争和日俄战争。在这一时期，世界史从陆地时代向海洋时代过渡，其前提条件是蒸汽轮船将世界各地连在一起，以及海底电缆的铺设使得远程通信在全世界普及。19世纪全球化进程迅速发展，英国利用这一有利条件掌握了海上的霸权，可以说英国是很幸运的。不久，英国统治了世界陆地的 1/4，在第一次世界大战（1914—1918）开始前，更是拥有了世界股票市场的一半股份。从 18 世纪下半叶到 19 世纪初，工业革命和资产阶级革命相继发生。在大西洋周边爆发了美国独立战争、法兰西革命、拿破仑战争、拉丁美洲独立战争（总称为"环大西洋革命"），加速了欧洲和美洲的一体化进程。由于欧洲和美洲新大陆关系密切，所以在互动中不断发生变化：在政治上建立了近代民族国家，在经济上走上资本主义道路，最终形成了现代化的大西洋世界。"海洋世界"就这样首先出现在大西洋周边，英国继而将海洋世界扩展到亚洲、非洲。

19 世纪中叶，亚欧大陆干燥地带的各帝国（如奥斯曼帝国等）已经由盛转衰，甚至开始崩溃。以英国为领头羊的欧洲列强开始走上世界争霸之路，占据了大量的殖民地。在霸权国家英国的主导下，世界形势发生了巨大变化。英国等欧洲列强在短时间内破坏了当时存在的体制和秩序，建立起新秩序。世界发生了巨变。究其原因，有以下几个因素：

奥斯曼帝国、莫卧儿帝国、清王朝内部矛盾不断激化，国家迅速衰落；

欧洲发生工业革命，出现铺设铁路的热潮；

19 世纪 70 年代以后，发生了第二次工业革命，钢铁开始出现，机械工业发展迅速；

枪支等火器有了革新；

列强开始瓜分非洲；

向蒸汽轮船过渡的时代开始到来；

海底电缆铺设，远程通信开始普及。

陆地霸权崩溃，英国建立起新的世界秩序，海洋从而开始支配陆地。英国首相迪斯雷利甚至说："我们可以把英国的首都迁到印度。"卡尔舒米特对迪斯雷利的这句话做出了象征性的阐释，指出英国属于海洋帝国，应优先考虑英国在全世界的经济利益，而不应拘泥于本土。所以，首都应当迁到能募集到大量工人的印度。

20 世纪以后，美国开始掌握空域霸权

19世纪70年代，第二次工业革命开始。之后，重化工业逐步发展起来，武器制造也随之取得了长足的进步。与此同时，战争大规模发生。而战争需要消耗大量的财力，可以说是综合国力的较量。首先体现这一变化的是航空武器的出现。在第一次世界大战中，航空武器开始普及，进入可以从空中向陆地和海洋发动进攻的时代。第一次世界大战主要在欧洲进行，第二次世界大战则波及全球。两次大战后，亚欧大陆的各陆地帝国纷纷崩溃，欧洲诸大国也趋于没落。这时，世界霸权逐渐转移到位于新大陆的美国手中。美国一跃成为霸权国家，成为世界的执牛耳者。

第二次世界大战后，美国和苏联争霸，开始了冷战。这也为美国加强霸权提供了借口。美国将世界霸权从海洋转向空域，从亚欧大陆转向美洲新大陆。1971年，美国黄金储备严重不足，美元

不得不进行贬值，这就是"尼克松冲击"。由此美国的霸权也动摇了。之后，美国着手构建空域霸权，通过互联网在全球创建虚拟空间（cyber space），开发 IT 技术，实现了世界经济的金融化。美国空域霸权的核心内容是通过 IT 企业构建全球性平台。曾几何时，欧盟、包括日本在内的亚洲国家经济实现了高速增长，对美国的霸权形成挑战，美国则想方设法挫败了这些国家，巩固了霸权。这一点着实令人感到意外。

今天，中国拥有世界 1/5 的人口，吸引美国企业到中国投资，学到了美国的技术，自身实力得到了增强。在此基础上，百度、阿里巴巴、腾讯等公司成长起来，形成巨大的平台。中国政府公布了"中国制造 2025"这一宏伟蓝图，力争在 2049 年新中国成立 100 周年之前在工业领域达到世界先进水平。可见，中国已悄然起来。

对陆地和海洋的概观

海洋面积占七成，陆地面积占三成

历史和地理的关系密不可分。要想从陆地、海洋、天空的角度思考世界史，前提是要对地球的轮廓有一个概观。下面我们就简单复习一下世界地理知识。一般来讲，我们在小学到中学期间都要学习世界地理。通过学习，我们知道世界由四个大洋（印度洋、大西洋、太平洋、北冰洋）和七个大洲（欧洲、亚洲、非洲、北美洲、南美洲、大洋洲、南极洲）构成，海洋和陆地的面积占比分别为七成和三成。北半球和南半球相比，陆地所占比例有很大的不同。北半球的陆地面积占北半球全部面积的近四成，而南半球的陆地面积占南半球全部面积的不到两成。因此在历史上亚欧大陆的气候干燥区域是世界史的中心，南半球由于远离亚欧大陆，开发较晚。从人口来看，北半球人口占全球人口的92%，南半球人口仅占8%。

在世界的陆地面积中，气候干燥区（荒漠、草原）占48%，湿润地带占39%，寒冷地带和亚寒带占13%。其中，荒漠地带是指年降水量为250毫米以下的地带，草原地带是指年降水量在500毫米以下的地带。有趣的是，日本的年降水量为1600毫米，不分雨季和旱季，气候非常适宜，这在世界上也是少见的。因此，以日本为例去思考世界和世界史是绝对不合适的。日本不缺水，说到底是一个特殊的地区。日本人如果看不到这一点，就理解不了世界，日本人的世界观也不会脱离闭塞的窠臼。

干燥地带和寒冷地带的优势何在

在亚欧大陆，从北到南依次分布着寒冷地带、干燥地带和湿润地带，这三个地带沿东西方向形成带状。其中和世界史关系最为密切的是从撒哈拉沙漠到西亚、中亚、中国北部的气候干燥地带（亚欧大陆大干燥地带）。实际上，地中海应该属于干燥地带中的"干燥的海"。

亚欧大陆南部受到季风的影响，属于降雨多的湿润地带，适合种植水稻。水稻的收成是麦类的数倍。多雨湿润地带的人很少向其他地区发动大规模的侵略，原因是骑马技术不够娴熟。

寒冷地带的气温最低的月份可达零下 30 度以下，气温最高的月份也在 10 度以下。北欧、东欧、西伯利亚、加拿大等亚欧大陆和北美大陆的北部属于寒冷地带。在北海、波罗的海周边，海盗起着主导作用。由于气候寒冷，物资匮乏，这里的人依靠海盗和经商谋生。如瑞典的海盗参与了基辅罗斯的建国，而北海周边的荷兰、英国则率先发展出了资本主义，随后荷兰和英国主导了世界史从陆地向海洋的转换。

对陆地、海洋、空域这三个霸权进行比较

霸权的定义

本书的书名中有"霸权"二字，由于霸权的产生，世界史从陆地向海洋、空域过渡。霸权在英语中是"hegemony"，该词源自古希腊语，指的是雅典率领古希腊城邦结成的联盟对抗波斯帝国。霸权是指国家地位，表示这个国家拥有强大的军事力量、经济力量和丰富的天然资源，具有压制其他国家的实力。不仅如此，霸权国家还会以自己为中心形成、维持和主导霸权国家实行统治的体制框架。世界史从陆地向海洋、空域过渡的过程中，霸权国家分别主导着各个阶段的世界的形成，维持着这一体制框架，一直位于该框架的核心。在世界史的陆、海、空各个阶段，霸权的内容和实质也有所不同。

用一句话来概括，陆地的世界是指部族（血缘集团）在亚欧大陆各地林立的状况。在陆地的世界，有实力的部族通过互助或连姻维持霸权，利用人们希望规避大范围争斗的愿望，维持稳定的粮食生产、维护霸权。表面上掌握霸权的部族采取了王朝的形式，实质上还是属于部族的联合。陆地世界的霸权是靠强大的军事力量获得的，之后部族间希望维持和平，调整利害关系，保障粮食生产的顺利进行，建设和维持道路和水路等基础设施。

我们知道，海洋占地表面积的七成，所以到了海洋连接陆地的时代，海军、商船、制海权、殖民地、势力范围等海上的实力，成为获得霸权的必要条件。欧洲以近代国家取代王朝，这种模式开始在全世界推广。拥有海军力量和经济力量的国家获得霸权。到了19世纪，英国成为霸权国家，构建了由欧洲国家将世界的大部分区域作为自己的殖民地来统治的体系。之后，经过第一次世界大战、第二次世界大战，欧洲没落了，位于新大陆的美国通过飞机和互联网在全世界构筑了空域的霸权，这一霸权体系一直维持到现在。

陆地、海洋、空域霸权的特色

下面总结一下陆地、海洋、空域霸权的不同之处。

第一种类型——陆地霸权（如蒙古帝国）。

干燥气候区的历史占世界史的大头，在这部分历史中，部族式的结合构成世界的基础（在中东和韩国，时至今日部族依然有重要的地位），王朝不断更迭。有实力的部族建立王朝，维护和平，保障粮食生产的顺利进行。与此同时，通过部族的结合，王朝能支配广阔的土地和大量的人口。随后，王朝的版图不断扩大，最终形成帝国。但部族之间的结合非常复杂，如果强大的部族联合体能够维持和扩大各个部族的利益的话，就会结合在一起；如果各个部族的利益丧失的话，部族的结合体就会解散。因此，霸权总是不稳定的。

如果出现了强势领袖或者部族，就会出现大帝国，如果领袖或者核心部族的能力低下的话，部族联盟就会解体，帝国也会随之消失。陆地的历史很长，罗马帝国、阿拉伯帝国等大帝国接踵而至，而规模最大的帝国则是蒙古帝国，它治下的部族结合体横跨亚欧。

第二种类型——英帝国构建了海上霸权。

海洋将陆地连接起来是最近几百年的事情。海洋霸权国家要想构建海上霸权，海军、商船船队、殖民地等都不可或缺。此外，为了维护自由贸易、国际货币体系等，必须维持和巩固国家间的秩序和殖民地统治。为此，霸权国家制定了国际规则，并划定势力范围。另外，欧洲列强为了发展资本主义经济，对世界进行了重组，为从陆地世界过渡到海洋世界提供了方便。同时，欧洲列强提供价廉的航海图，制定在公海航行的规则，为充分利用海洋提供了种种便利。

以海洋为中心的世界秩序是一个完整的体系，它使得财富集中在少数几个欧洲国家手中。欧洲列强在亚洲、非洲等大洲的许多地区进行殖民，构建了殖民地统治体系。霸权国家作为执牛耳者，它们一面调整着各国的利害关系，一面维持着殖民地统治。

第三种类型——构建了空域帝国的美国。

美国构建了空域霸权，毫无疑问，空域霸权需要具有绝对优势的空军、海军和陆军航空兵的支撑。陆军、海军是军事力量的基础，对维持空域霸权是不可或缺的。美国是新兴的霸权国家，其霸权是由北约组织等军事同盟、分布在全世界的军事基地、具有压倒性优势的军需产业来维持的。经过两次世界大战洗礼，趁英国没落之际，美国获得了霸权。实际上，美国的霸权还是由世界性硬通货美元支撑着，这使得美国在世界经济中的霸主地位令其他国家望尘莫及。

空域的霸权是新兴强国美国在短期内获得的，而美国也是从模仿英国起步的，也就是说美国几乎原封不动地继承了英国的海上霸权。不过，美国基本上没有殖民地，所以不能照搬19世纪的殖民地体系，不过美国以美国的各州组成的合众国为模板，建立了由190多个国家组成的联合国。这样一来，美国企业可以在全世界自由投资，获取利润。

美国在获得霸权之初，就受到苏联的挑战。因此美国和苏联开始了冷战，而以此为背景，美国的霸权体系日臻完善。1973年，美元与黄金脱钩，不能再兑换黄金。20世纪90年代，美国的互联网和IT技术取得了长足的进步，开始构建电子空间的霸权，其主力是以GAFA（谷歌、苹果、脸书、亚马逊）为代表的巨无霸级的IT企业。其实，位于新大陆的美国本来是英国的殖民地，表面上美国标榜消除殖民地、建立公平的世界、尊重人权、普及民主制度，继而创建联合国、国际货币基金组织（IMF），实质上是通过国际主义原则维持霸权。然而，特朗普总统上台后提出了"美国优先"的口号，变更了美国迄今为止的路线。冷战结束后，形成了美国一家独大的霸权体系，而今这一体系开始出现拐点。

由此可见，海洋霸权和空域霸权具有连续性，其作用是多方面的，主要是维持全球性的经济体系和扩大通商贸易，其详情如下：

维持世界和平与治安；

维护国际水运航线和航空路线；

制定法律，保护财产权；

灵活运用国际货币制度；

维护自由贸易体制；

调整经济景气指数；

保障人力、物资和资金的移动；

搞好全球的环保工作。

正在进行的空域霸权的争夺

掌握霸权的强大势力会出现在人们意想不到的地区，其出现的形式也是令人难以预测的。在本书中主要讲蒙古帝国、英国、美国三个霸权国家，这三个国家顺应世界史的潮流，称霸世界。而这三个国家做梦也没有想到能够掌握世界霸权。

迄今为止，霸权都是在原有的世界秩序崩溃时，通过战争获得的。

蒙古帝国运用强大的骑兵征服了花剌子模、金、基辅大公国、阿拔斯王朝、南宋等之后，建立了世界霸权。

英国以卓越的海军力量为坚强的后盾，与西班牙、荷兰、法国、亚洲各帝国进行了长期的战争，将自由贸易推向全世界，在此基础上获得了世界霸权。英国获得世界霸权的具体过程如下：

英国从 1651 年制定《航海法案》开始，到 1815 年在拿破仑战争中获胜为止，共经历了 10 次战争（3 次英荷战争、7 次英法战争）；

工业革命；

在美国独立战争以后的约 100 年间，英国与欧洲列强展开协调，与此同时，为了扩大其在亚洲和非洲的殖民地，还进行了一系列战争；

铺设铁路、海底电缆，开设蒸汽机船航线；

与沙皇俄国、德国开展外交战。

特别值得一提的是英国组合使用了上述方法。

美国获得霸权的具体过程如下：

美墨战争、美西战争；

第一次世界大战；

第二次世界大战；

美苏冷战。

越南战争和伊拉克战争等在亚洲进行的战争。

经过上述一系列战争，美国取得并维持了世界霸权。在第二次世界大战之后，唯一一个不断进行战争的霸权国家只有美国。

而今，世界各大国一直在开发核武器等大规模杀伤性武器。另外，经济全球化趋势不断加深，各大国之间相互依赖程度不断加深，大国之间很难爆发战争。通过战争实现霸权的转移几乎是不可能的。

可以预见，今后是通过贸易战等复杂的过程发生霸权转移，还是通过毁灭性的战争实现霸权转移，现在还很难说。

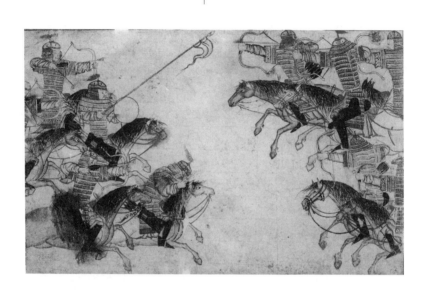

第一编

陆地霸权
和
蒙古帝国

第一章
陆地世界是经过长年累月形成的

干燥地带产生了农业

发现有缺陷的麦类实属幸运

陆地世界史的起点就是农业的出现。约 1 万年前，在东非大裂谷和亚欧大陆干燥地带的结合处，即约旦的溪谷等地出现了农业。说起来，农业的出现与发现有缺陷的麦类关系密切。通常，麦类一成熟，植株就将种子播撒到大地上。为了保存种子，不断繁衍后代，这是理所当然的做法。但人们偶然发现的这种小麦，因发生变异，麦粒竟然不直接落在地上，而是以麦穗的形式存在，这对人类来说是幸运的事情。而农业，就是从人类选择合适的麦类来栽培开始的。与此同时，人类也从收获不稳定的狩猎、采集等向定居生活过渡。这就是古代历史上的农业革命。

一般来讲，植物都有苦味与涩味，这样就可以防止被动物吃掉，保存下种子，从而不至于灭绝。然而，生长在干燥贫瘠的大地上的麦类吸收不到产生毒素的成分，保护自己种子的唯一方法便成了从土中吸收硅素，形成坚硬的壳来保护种子。因此，要食用麦子，必须将麦子磨碎后加工成面粉，再把面粉做成面包。

另外，偶蹄目家畜的习性是雌性以雄性为核心过群居生活。人们掌握并利用这一习性饲养偶蹄目家畜，经营畜牧业，从中获得奶、肉、皮等物。干燥地带的草叶、茎含有丰富的纤维质，动物吃大量的草叶和茎，并且必须有反刍能力。绵羊、山羊、牛都属于反刍动物，这一切都说明畜牧业和气候干燥的大地之关系密切。

为什么麦子的种植会在荒漠地带推广

亚欧大陆的干燥地带由广阔的荒漠、草原和内海构成。但是，麦类只能在特定的荒漠地带生长。荒漠地带降水很少，但干燥气候区生产的麦类大部分出自于此，原因何在？这是因为，在距今5000年左右之时，由于地球暖化，北纬30度附近的中纬度地带越来越干燥。比如占非洲1/3面积的撒哈拉草原变为撒哈拉沙漠，很多牧民沦为难民，移居至荒漠地带的大河（大河的水源来自湿润地带的降水以及周围高山的冰雪融水）流域，麦子的短缺问题更加严重。为此，人们不得不利用荒漠地带大河的水来灌溉旱田。随后，周边有更多难民移居到这里，带来了丰富的劳动力，他们修建堤坝、水渠等，发展灌溉农业。灌溉是指以维持植物的生长为目的，通过人工将水引到田里的一种方法。但仅依靠简单的工具将大河的水转变为农业用水绝非易事。国王、祭司利用自己的权威，通过官僚组织工匠和民众，实施人海战术才使得依靠从外部流来的河水发展灌溉农业成为可能。由于水利、灌溉系统的完善，荒漠地带出现了大片的旱田。

城市是水的控制中心

由上述可知，将荒漠改造为旱田绝非易事。在由久野收翻译、由岩波新书出版的《人类——过去、现在、未来》中指出：控制水位的高低，在洪水退去之后划分界限，强制人民服劳役，征收各种税赋，监督交易，编纂法典，在边境巡逻，这些是出现大河文明的必要条件。考古学家曼福尔德也指出：维护灌溉设施是一项相当复杂的工作，负责这一工作的国王、特定的部族、神官、官僚等为了维护灌溉设施，向百姓征税。这便属于一种"give and take"，亦即既有所予又有所得的关系。而这对麦子的大量生产是不可或缺的。负责水利灌溉的特殊群体住在大村落里，这些大村落不久就演变为城市。而城市是人工维持水利灌溉体系的控制中心，也是人们聚集的中心，其出现促进了社会的发展。随着城市的形成，人类社会发生了变革，我们称之为"城市革命"。埃及、美索不达米亚、印度河、黄河四大古文明便成为陆地世界的四个核心地带。

下面我们看一下四大文明及其各自的特征。

四大文明都发祥于干燥地带

古埃及文明——尼罗河的赠礼

每年夏季，尼罗河上游的埃塞俄比亚高原上都会刮季风，带来持续的降雨，雨水汇入青尼罗河，最后流入地中海。每年的 6 月至 10 月，尼罗河河水大涨，甚至洪水泛滥，就是季风带来的大量降雨造成的。

埃及王国首都孟斐斯的年降水量为 26 毫米，尼罗河中游的底比斯年降水量仅为 1 毫米。但尼罗河从源头流到这里，统治者还是动员了大量劳动力修建灌溉设施，将沙漠变为粮仓，堪称人间奇迹。与此同时，尼罗河两岸出现了区域性城市。法老在统一尼罗河流域之后，这些城市失去了独立，纷纷被置于首都孟斐斯的管理之下，接着又成为法老的官僚、祭司们统治各地的根据地。埃及的东西两面是沙漠，北面靠海，南面是瀑布。因此，埃及和牧民的交流较少，属于循环型农业社会。而且，埃及一年由洪水泛滥期和旱季这两季构成，所以埃及人在旱季进行农业生产。这是埃及的特色。也就是说，埃及文明属于孤立的文明。因此，埃及文明没有成为世界史的中心。

农牧民混杂的美索不达米亚文明

美索不达米亚的意思是"两河之间的土地"，位于现在的伊拉克。在美索不达米亚平原，每年的水量、洪水泛滥的季节各不相同，原因是土耳其东部的山区冰雪融水是底格里斯河和幼发拉底河的源头，而控制水量的难度很大。突发性的洪水和水量过小经常令人们烦恼不已。如挪亚方舟的故事就是以美索不达米亚平原上发生的洪水为原型的。

底格里斯河和幼发拉底河这两条河的水量有限，只能在容易灌溉的地区开垦农田，因此位于河口的苏美尔地区最先得到了开发。苏美尔地区的中心城市乌尔的年降水量约为120毫米，与美索不达米亚文明整个历史上的最大城市巴比伦的年降水量相同，大体而言它们都属于荒漠。不过，每个城市都建造了砖砌的神殿塔，通过神的权威来维持城市的秩序。

美索不达米亚的城市具有排外性，对周围的畜牧民不断入侵严防死守，结果逐渐以有实力的城市为中心形成了城邦国家联盟。在此基础上，由实力最强城市的守护神来主持众神会议。相应地，最强城市的僭主演变为国王，国王作为"守护神的总管"统治着广大地区。而拥有强大的军事力量的畜牧民也被置于国王的统治

干燥地带产生的四大古文明

之下。为了维护生活习惯不同的多民族国家的统治秩序，国王以神的名义制定了法律。其中在公元前 18 世纪颁布的《汉穆拉比法典》最有名，该法典强调"同态复仇"。

由和美索不达米亚交易的各城市支撑的印度河文明

因为古印度文尚未得到解读，关于印度河（现在的巴基斯坦）文明尚有诸多不明确之处。不过，当时有摩亨佐·达罗、哈拉帕等城市，最兴盛时有4万多人，城市规划非常合理。印度西部的洛塔尔是个港口城市，有很浓的商业气息，经由波斯湾的巴林岛，和美索不达米亚的各城市开展贸易，交易棉布、木材、红玉髓等物品。甚至在苏美尔人建立的城市乌尔也设有印度河商人的居住地。但在公元前1800年左右，印度文明衰落了，原因如下：

受到西南季风的影响，气候干燥；

人们乱砍滥伐导致沙漠化；

地壳变动，印度河的河道发生变更。

之后，雅利安人从阿富汗方向入侵，征服了构筑印度河文明的达罗毗荼人。雅利安人一边制定等级制度，一边向东迁徙，并于公元前1000年左右在恒河流域的湿润地带栽培水稻。

唯一与海洋隔绝的内陆文明——黄河文明

与古埃及、美索不达米亚相比，黄河流域雨量相对充沛，几乎都是年降水量在500毫米以下的草原地区。因此，黄河流域不修建灌溉设施，便可以种植粟，所以农业形态完全不同于西面种植麦子的文明。当时，小城市称作邑，大城市称作大邑。大大小小的城市修建在黄河中游，都用黄土版筑的城墙围着。其中，最先得到开发的是黄河的支流渭水流域。那里接连出现了殷商、周两个王朝，它们是邑的联合体。殷商通过占卜实行神权统治，占卜的结果用甲骨文这种最古老的汉字形式记录下来。周朝实行的是最典型的血缘统治，这一制度就是封建制度。

黄河文明与古埃及文明、美索不达米亚文明、印度河文明有所不同，属于封闭性的内陆文明。原因是：黄河发源于中国西北，绵延 5400 多公里，长度排在世界第六。黄河从上游的兰州附近到西安之间，曲曲折折地流经黄土高原，冲走了每平方米约 37 千克的黄土。因此，黄河下游流速很慢，泥沙以年 10 厘米的速度淤积，时常洪水泛滥，三年之内河道可能发生两次变更。

不过，从戈壁沙漠刮来的偏西风带来直径为 0.05 毫米以下的细小黄沙，透水性和通气性良好，只要有水，黄沙就会汇集成为肥沃的旱田。传说中最初的王是黄帝，皇帝住在盖着黄色瓦片的宫殿里，穿黄袍。这些习俗都是源于将黄河视为神圣的想法。

商人是连接农民和草原牧民的桥梁

商人卖给农民肉和奶，卖给牧民麦子

由于文明形成于大河流域，所以在大河流域的周边也居住着很多不会种粮食的牧民和商人。商人们充分利用城市的道路、水运、海运，让粮食在更广阔地区循环、流通。商人就是连接农民和牧民的桥梁。那时，商业的基本形式是行商，干燥地带商业的主要内容是用农民生产出的粮食交换牧民们饲养的家畜、出产的乳制品。其实质是在更广阔地区用碳水化合物换蛋白质。商人们不仅掌握着居住在干燥地带的各个部族的信息，而且还创造出简单的表音字母和金属货币，建立起在更广阔地区进行商品交易的机制。

城市的特殊性在于比较富裕，富裕的城市给商人们提供了活动的场所。人类在本性上总是希望和别人不一样。也就是说，人最注重外表。如统治阶级喜欢用庶民无法得到的奇珍异宝装饰自己，喜欢吃珍馐美味。换句话说，统治阶级希望通过这些东西来夸示自己的与众不同。

　　为了满足统治阶级的这一欲望，商人们会到遥远的地方去采购奢侈品和奇珍异宝：蓝色的宝石琉璃在美索不达米亚很受欢迎，但琉璃的产地在阿富汗，且容易产生静电，因此特别受到珍爱；美索不达米亚人也喜欢琥珀，但其产地在波罗的海的爱沙尼亚湾；乳香在埃及等地炙手可热，其产地是东非和阿拉伯半岛南部；制造木乃伊所不可或缺的"没药"产于阿拉伯半岛南部；黄河流域的人们喜欢玉，玉的产地是昆仑山麓；子安贝可以用作货币，其产地是越南南部。尽管生产和分配是当今世界史的中心课题，但从交易这个视角进行的研究还很不够。而不谈交易经济，是无法讨论世界的发展的。

畜牧民有了马匹后转化为游牧民

　　草原地区不产麦，畜牧民生活靠的是饲养绵羊、山羊、马、牛、骆驼等牲畜。畜牧民在使用马匹作机动力之后，管理的家畜数量大幅度增加，活动范围也随之扩大了。由此，使用马匹的畜牧民变成了游牧民。因为一直维持着原来的狩猎生活，游牧民的生活极为简朴。游牧民的主要活动是管理着以雄性为中心群居的偶蹄目家畜。这些家畜对游牧民来说就是"移动的粮仓"，游牧民的衣、食、住依靠家畜的乳、肉、皮革、腱来保障。游牧民还把家畜的粪用作燃料，物尽其用。游牧社会是氏族、部族结合而成的，每个区域都维持着认同感。到了夏季，游牧民分散放牧，到了冬季聚集起来生活，周而复始。游牧民御寒越冬的时期正好是家畜繁殖的时期，所以每个草原区域都要维持秩序和合作关系。时至今日，在中东、朝鲜半岛等亚欧大陆地区，部族依然有着巨大的影响力。游牧民往往和沙漠绿洲中的农民、商人和睦相处。但是，游牧民经常受到寒冷气候、家畜瘟疫等的威胁，为了获得粮食，经常侵扰农业社会，所以在历史上有时也会出现游牧民建立的大帝国。

地中海是干燥之海与交易之海

地中海夏季无风干燥，冬季大浪滔天

地中海是世界上最大的内海。地中海南面是占世界沙漠面积的 1/4 的撒哈拉沙漠，其面积约是地中海面积的 2.7 倍。地中海的东南面是阿拉伯沙漠。不过，地中海的北岸处于欧洲的西风带控制之下，冬季雨量充沛，夏季炎热干燥。17 世纪，荷兰商人将波兰、德国等波罗的海南岸国家产的麦子销售到地中海地区。因此，干燥的地中海地区才得了救。因为这个原因，从 19 世纪开始编写的西方史反而忽视了地中海的干燥性。其实，地中海和西亚地区一样都属于干燥地带，商人们从周边地区将粮食运到这里销售。我们知道，荒漠的年降水量在 250 毫米以下，草原的年降水量在 500 毫米以下。下面列举的是地中海沿岸主要城市的年降水量，由此可知地中海城市的干燥程度。

克里特岛的克诺索斯约为 500 毫米，雅典约为 400 毫米，亚历山大里亚约为 340 毫米，加尔塔哥约为 470 毫米，罗马帝国的首都罗马约为870毫米，马赛约为550毫米，马德里约为460毫米。

看一下地图就可以发现：地中海被连接意大利半岛、西西里岛、突尼斯的南北线分为东西两部分；在地中海中央部分有一系列的小岛；地中海由很多小海组合而成，容易航海；地中海南面横亘着比地中海面积大很多的撒哈拉沙漠。

地中海的夏季是经商的季节，人们划着船就可以在广阔的海域进行贸易，埃及周围是沙漠，主要的交通路线是和东地中海相连的尼罗河。另外，地中海通过黎巴嫩和叙利亚、西亚相连。

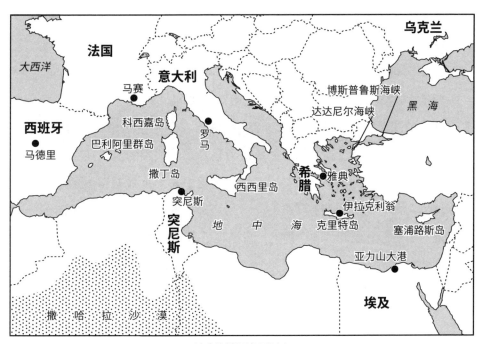

地中海诸国主要城市

腓尼基人创造了地中海商业模式

克里特岛的克诺索斯最先通过和古埃及开展贸易活动繁荣起来。在公元前 17 世纪，位于克里特岛北面的桑托里尼岛海底火山爆发，从而引发强烈的地震和海啸，这令克诺索斯遭到了灭顶之灾。

后来腓尼基人恢复了克里特岛和古埃及开展贸易的传统。公元前 12 世纪左右，腓尼基人开始定居于黎巴嫩，并在狭长的海岸平原上从事农业生产。但仅靠农业生产无法生存下去，腓尼基人便开始在地中海从事贸易活动。黎巴嫩生产杉木，是上好的木材，腓尼基人利用木材制造了龙骨船，以城邦国家希顿、提尔为中心开展贸易活动。接着，腓尼基人由东向西开辟了航线，将地中海中部的岛屿连接在一起，创立了地中海商业模式。腓尼基人用腓尼基语给这些岛屿命名。如塞浦路斯（岛）在腓尼基语中是"丝杉"的意思；西西里（岛）在腓尼基语中是"拿着铁锹的人"或"农民的土地"的意思；萨丁（岛）在腓尼基语中是"神最初留下足迹的地方"的意思；科西嘉（岛）在腓尼基语中的意思是"森林多的土地"的意思；巴利阿里（群岛）源于腓尼基人的最高神"巴尔"；地中海航线的终点西班牙在腓尼基语中的意思是"兔子多的土地"。从这个意义来看，地名就是"历史的化石"。

到了公元前 9 世纪，腓尼基人在西西里岛对岸的突尼斯地区建起了殖民城市迦太基（在腓尼基语中的意思是"新城市"的意思），西地中海成为腓尼基人的内海。

希腊人从腓尼基人手中夺走了地中海的霸权

希腊人在地中海开展贸易活动要比腓尼基人晚数百年。不过希腊人把地中海航线从爱琴海延伸到黑海周边。巴尔干半岛的海岸线非常复杂，从北面和南面吹来的风有利于希腊人的航海活动。希腊人在巴尔干半岛南部、小亚细亚沿岸地区、黑海周边、爱琴海的各岛屿、西西里岛、意大利半岛南部修建了 1000 多个小规模的殖民城市，构建出一个海洋帝国。

在西方史中，研究重点是雅典，以它为例着重讲希腊文明的普遍性，对其他的城邦国家的研究则远远不够，结果反而忽视了希腊文明的海洋性特征。在公元前 5 世纪，雅典是个大城市，拥有约 20 万人，其中 5 万人是奴隶。但雅典气候干燥，2/3 的小麦和所有的奴隶都是从黑海北岸的乌克兰进口的。相应地，葡萄酒、橄榄油、武器、陶器、银则出口给乌克兰。连接乌克兰的达达尼尔海峡和博斯普鲁斯海峡便成为希腊人的生命线。

希腊人采取了巧妙利用地中海周边军事力量互相牵制的策略。公元前 334 年至公元前 324 年，马其顿国王亚历山大东征。公元前 264 年至公元前 146 年，希腊人在罗马的帮助下最终战胜腓尼基人，获得了地中海的商业霸权。

陆地世界的成熟引起的精神革命

宗教、哲学是如何产生的

文明出现后的 2500 年左右，各个文明所在的区域纷纷产生了独特且系统的世界观、社会观，即发生了精神革命，出现了宗教、哲学。时至今日，其影响依然根深蒂固。精神革命的成果，之后成为在各地形成的帝国的文化基础。德国哲学家雅斯贝尔斯首先发现这一亚欧大陆的文化现象，并将这一现象称为人类的轴心时代或者基轴时代。

以草原和荒漠为起源的宗教 —— 琐罗亚斯德教和犹太教

伊朗也称波斯，位于干燥大地的中央，面积是日本的 4.5 倍。公元前 7 世纪，琐罗亚斯德注意到昼夜呈规则性循环这一现象，并用善神光明神阿胡拉·玛兹达和恶神黑暗之神的斗争，来阐释自然和社会。最终光明神获胜，并进行最后的审判。这就是琐罗亚斯德教的基本教义。

昼夜循环不断重复，琐罗亚斯德教将此看作是众神的激烈斗争。可以说，琐罗亚斯德教是草原的宗教。随后，琐罗亚斯德教成为波斯人建立的阿契美德王朝和萨珊王朝的国教。在伊斯兰教形成前的1000年时间里，琐罗亚斯德教是西亚的核心宗教。

居住在沙漠周边的巴勒斯坦犹太社会中，沦为"巴比伦之囚"（前586—前538）的苦难经历塑造出以赛亚、耶利米等杰出的预言家，非常有权威。这些预言家和他们认为的唯一神耶和华订立了契约，在此契约的基础上形成了犹太教。耶和华和基督教的上帝、伊斯兰教的安拉等都属于绝对性的唯一神，可以说是荒漠之神。犹太人是商业民族，活动范围很广，和为数众多的不同文明接触。因此，犹太教中吸收了美索不达米亚"同态复仇"思想、伊朗和中亚的琐罗亚斯德教的最后审判的思想等来自荒漠和草原的思想。众所周知，后来的基督教和伊斯兰教是在犹太教的影响下出现的。

雨季和旱季产生了佛教等印度宗教

印度的恒河流域出现了为数众多的城邦国家。在此背景下，重视祭祀仪式传统的婆罗门教进行了改革。于是，迦毗罗哲学发展起来，其主旨是发现掌握并理解宇宙真理的方法。最基本的命题是轮回，意思是痛苦的循环以及造成痛苦的罪孽。

轮回思想的形成源于夏季季风造成的洪水灾害和冬季季风造

成的干旱，两种气候周而复始，循环往复。于是，人们开始研究修行方法，从痛苦中解脱出来。公元前6世纪至公元前5世纪，出现了佛教和耆那教。可以说，这些属于季风式宗教。

诸子百家——应乱世诸侯的要求，研究统治的原理

黄河下游由于黄土淤积，平均每三年便发生两次洪水泛滥。一直以来，蒙古高原上都生活着强大的游牧民族，而汉民族则生活在内陆地区。在内陆地区，春秋战国时期持续了500年左右，其间战乱频仍。由于军事斗争周而复始，战争规模和国家的疆界不断扩大，最终秦朝在战争中统一了列国。

春秋（前770—前476）末期，开始出现锋利的铁器，结果促使战国时期（前475—前221）各国的争战更加激烈，各诸侯国都致力于富国强兵。为此，各诸侯国都在寻求新的统治理论。在这一背景下，学者们云集各诸侯国都，培养弟子、创立学派，竞相兜售自己的学说，出现了以孔子、墨子、孟子、荀子、庄子等学者为代表的诸子百家。诸子百家为了顺应诸侯们对富国强兵的诉求，研究各种各样的问题，成为具有强烈政治色彩的各种后世思想的雏形。有诸子百家学说做后盾，位于封闭的空间内人们不断开展政治斗争，终于诞生了大一统帝国。可以说，诸子百家是实践性很强的学问。

连接陆地与海洋的商人社会培育了希腊哲学

希腊气候干燥，粮食很难自给自足，不得不依靠海上贸易维持生计。要种植小麦，年降水量需要达到 500 毫米，可雅典的年降水量只有 400 毫米。不过，海洋让希腊文明有了独特的境遇。在地中海世界，海洋将陆地世界相对化了。在陆地世界被认为是想当然的事情成为希腊人学问的研究对象，对干燥气候的大地进行刨根问底，成为希腊文明的一大特色。

在希腊首先发展起来的是用以研究万物本原的自然哲学。泰勒斯（约前 624—约前 546）不同意干燥大地的一切都是产生于土的学说，另辟蹊径地主张产生于水。恩培多克勒主张世界万物都是由土（大地）、水、气、火这四种元素构成的。正因为希腊人生活在海洋与大地这两个世界相连接的地方，才产生出如此独特的想法。

希波战争（前 500—前 449）以后，大商业城邦国家雅典发展出成熟的都市文明。苏格拉底以雅典为例，对都市文明采取了批判态度，结果在大众审判中被判处死刑。苏格拉底的弟子柏拉图主张"理想国"，亚里士多德综合各学派思想，批判柏拉图的"理想国"思想。可以说希腊哲学是将陆地文明相对化的海洋培育的商业民族学说。

马背上的游牧民主导着陆地世界

骑马技术的发明是军事掠夺的开始

干燥大地的另一个侧面就是散居在草原上的畜牧民族。畜牧民族的社会基础是部族这一血缘集团。时至今日，沙特阿拉伯、伊朗、韩国（曾经一度附属于蒙古、清朝的游牧民族）还保留着部族制度。

草原上的马匹将畜牧规模扩展至以前的 10 倍以上。一般来说，维持一个家庭的生活，需要 200 只羊。但绵羊等家畜吃的是草，所以一片草地只能养 5 个家庭。正是这个原因，畜牧民保持 10 公里的距离生活着，并互相联系。当时，马匹是草原上必备的交通工具，畜牧民使用马匹就转化为游牧民。最早让人们见识了游牧民实力的是黑海北岸的斯基泰人。在公元前 6 世纪左右，斯基泰人发明了可以在马上射箭的短弓和由骑兵主导的机动性集团军作战方法。之后，出现了马背上的游牧民族这一支强大的军事力量。随后，骑马技术逐渐在草原的各部族普及，他们把农耕民族当作掠夺对象，屡屡进行劫掠。

游牧民的军队通过骑马技术可以快速、自由地集中和分散兵力。由于开发出了短弓，不仅有助于骑马技术的提高，连马上的弓箭射程也达到 200 米以上。因此，游牧民在军事上占到了绝对优势。斯基泰人的马具在草原上普及，和马匹一起发挥作用，使得游牧民成为干燥大地上的霸主。

游牧民意识到商业征服的重要性

游牧民都以部族为单位生活，通过召开部族长会议，选出单于或者可汗，以维持各部族之间的团结。当出现了能干的领导人时，游牧民族会瞬间成为支配广大领土的游牧帝国。当能干的领导人不在了，游牧帝国就会土崩瓦解，分裂为一个个部族。因此，游牧帝国实质上是为了保障粮食等物资的稳定供应而形成的。

在世界史的行进过程中，游牧民族起着很大的作用。游牧民族依靠饲养家畜和狩猎而维持生计，生活很不稳定。一有机会，游牧民族就想征服农耕社会，让农耕民族纳贡。与此同时，游牧民族还想征服绿洲地带的贸易区，让商人们纳税。看得出来，游牧民族往往打算通过上述方式过上稳定的生活。也就是说，贫困是游牧民族进行掠夺的主要原因。

农耕民族固守传统，游牧民族则有所不同，必须灵活应对经常发生的自然环境变化。相对来说，游牧民族的思维方式很灵活，如有必要，会将从商人那里获取的情报和游牧民族自己的军事力量结合起来，向亚欧大陆扩张势力范围。

游牧民族不光进行战争和侵略，游牧民族和农耕民族之间还相互依存。斯基泰人和希腊人进行贸易，蒙古高原的匈奴和汉王朝、西方的巴克特里亚（安息，亦即现在的伊朗）交易丝织品和马匹，就是典型的例子。《史记·大宛列传》曾对这一情况进行了描述："自乌孙以西至安息，以近匈奴，匈奴困月氏也，匈奴使持单于一信，则国国传送食，不敢留苦。"

陆地世界向湿润大地扩张

降水丰富的湿润大地为何开发很晚

在最初的文明出现大约3000年后，陆地世界终于开始从干燥地带向湿润大地扩张。湿润地带的中心包括亚欧大陆南部的季风地带（恒河流域、中南半岛、东南亚岛屿、长江流域、朝鲜半岛、日本半岛）、北面的北欧、俄罗斯等。基于以下原因，湿润地带的开发非常滞后：

人类社会开始于东非大裂谷地带，在干燥地带发展起来，干燥地带的民族在军事上占优势，湿润地带很难独立于干燥地带；

湿润地带，植物繁茂，开发起来非常困难；

季风地带存在雨季和旱季；

欧洲普遍低温，农业不发达。

以下笔者将介绍一下全世界主要的湿润地带的情况。

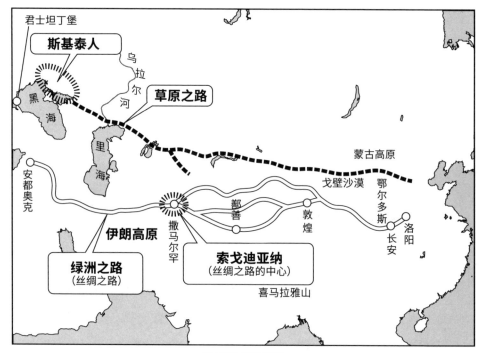

中亚的交通要道

恒河流域粮食产量大，不易受到游牧民族的袭击

在距今约3000年前，游牧民族雅利安人从阿富汗地区侵入湿润地带的恒河流域，在这里种植产量大的水稻，建立了许多城邦国家。之后，恒河流域成为印度的中心，这一湿润地带的文明又影响到中南半岛、东南亚的各个岛屿。

在印度半岛北部耸立着喜马拉雅山脉等大山脉，进入印度的入口只有兴都库什山口。因此，欧亚大陆干燥地带的游牧民族入侵印度的次数很少。恒河流域属于湿润地带，一直以来都是小国或者部族林立，并流行着各种宗教。但是，这些宗教最终都统一在印度教之下，印度教信仰多神论，令各个小国终于形成松散的联盟。

长江流域独立于干燥地带之外非常困难

汉王朝灭亡后，天下大乱。胡骑（游牧民）非常活跃。到了4世纪，有五个游牧民族，又称"五胡"，占领了黄河中下游，建立起很多国家。这就是五胡十六国时代（304—439）。汉人被迫移居长江流域、朝鲜半岛和日本列岛。在这一混乱时期，湿润地带得到了开发。所以说，魏晋南北朝时期（220—589）是一个东亚的湿润地带通过民族大迁徙得到开发、发展的过渡期，也是日本历史的黎明时期。

在中国，通古斯族的鲜卑人建立北魏，统一干燥地带，史称北朝。北朝和湿润地带的南朝对峙。中国进入南北朝时期（420—589），后来游牧民族鲜卑人与汉人通婚的后裔征服了南朝。接着，又建立起隋朝、唐朝，最终将整个中国纳入干燥地带的统治之下。

鲜卑人通过与汉人的统治阶层通婚，同化到中国社会（汉化）。另一方面，鲜卑人夺取了豪族的土地，通过均田制、租庸调制、府兵制加强了统治。隋朝、唐朝是由干燥地带的王朝统治南部湿润地带的王朝。到了 10 世纪末，在长江流域种植的水稻成为中国的主要口粮，俗话说"苏湖熟，天下足"（江南的苏州、湖州丰收的话，粮食就够全中国人吃）。北宋、南宋、明朝等王朝都是以湿润地带（长江流域）为基础建立的。

不过，干燥地带的民族利用马匹作战，具有强大的军事实力。金（女真人）、元（蒙古人）、清（满族人）等游牧民族统一了黄河流域和长江流域，并统治了很长时间。最后的清王朝是由满族、蒙古族通过军事力量建立的典型干燥地带王朝。当今的中国成为陆、海、空力量兼备的大国。中国共产党强调党的领导，旨在为全中国人民谋福祉，为世界和平做贡献，与以前的部族统治有着天壤之别。这一点在后文会详细论述。

朝鲜半岛和日本列岛都是以种植水稻为主，但是政权形式不同

刚才讲到，由于"五胡乱华"，4 世纪至 5 世纪，汉民族南迁，对东亚地区产生了重大影响。此次民族大迁徙的影响波及朝鲜半岛的新罗、百济以及日本列岛西部的大和王朝，它们此后陆续建立了以水稻生产为基础的湿润地带的政权。但是朝鲜半岛距离蒙古高原和中国东北很近，以至于高丽被元朝征服，朝鲜王朝被清政府征服。由此观之，湿润地带的政权很难独立于干燥地带的政权。

日本四面环海，一直维持着湿润地带的社会体系，没有被干

燥地带的政权征服，这在东亚地区算得上是一个例外。日本列岛属于高温多湿地带，降水量是世界平均水平的两倍以上。而且，日本是亚洲最北的种植水稻地区，水田密布，产量很大，因此，日本自古就享有"丰苇原瑞穗之国"的美誉。

欧洲以规模优势弥补产量低的劣势

阿尔卑斯山以北的欧洲属于农业社会，原住民凯尔特人被罗马帝国征服后，便被置于地中海这一干燥地带的民族的统治之下。由于游牧民族日耳曼人进行了民族迁徙，日耳曼人和罗马人开始民族融合，受到地中海干燥地带的影响越来越强烈。处于高纬度地带的欧洲因为气候寒冷，一粒麦种在生长过程中只能增加三粒，长期以来仅靠农业无法维持生计。因此，封建领主们收不到租，只能在直接经营的土地上让农奴耕作，向农奴征税，以此来维持生计。距今 1000 年前，日耳曼人发明了用牛、马拉犁耕作的方法，大大提高了生产效率。他们通过耕作广阔的土地，弥补单位土地产量的不足，促使欧洲发生了中世纪（11 世纪）农业革命。之后，欧洲才作为农业社会存续下去。过去欧洲一直被森林覆盖，让感觉阴森森的，这时摇身一变成为有光明和希望的地方。

第二章
波斯、罗马、秦等在陆地世界建立的地区霸权

波斯帝国和罗马帝国

在陆地世界的各地区产生帝国的背景

前 6 世纪，波斯帝国建立，统一了种植小麦的美索不达米亚、埃及、印度河流域三大文明区域。另一个统一了美索不达米亚、印度河流域与黄河流域三大文明区域的蒙古帝国则在 1200 年后出现。波斯帝国和蒙古帝国都是横跨亚欧大陆的大帝国。在它们之间的 1700 多年之间，陆地世界的各帝国兴起又灭亡，此起彼伏。这些帝国被海洋、沙漠、高山隔开，在各个地区称霸。之所以在地中海、西亚、印度等地出现帝国，究其因是这里有广阔的粮食生产

基地。

游牧民族通过马拉的战车、骑兵部队不断征战，建立了帝国。分散在各地的部族结合在一起是游牧民统治帝国广阔疆域的基础。位于帝国中央的部族将官僚和军队派到各地进行统治，形成松散的统一体。在帝国内保障粮食的供应和流通非常必要，帝国内的居民之间的交流是有限的。因此，帝国有必要建立粮食的分配和供应机制。帝国接替了商人的工作，使粮食等物资的流通区域范围更广、更稳定。

英国的历史学家阿诺德·汤因比对形成帝国的机制进行了归纳：

使用驿站作为交通手段；

驻屯军和殖民地；

地方制度；

首都；

统一的语言和文字；

法律制度；

历法；

度量衡及货币；

军队；

官僚制度；

公民权。

从公元前6世纪至公元前1世纪末，亚欧大陆各地建立了4个区域性帝国，按照帝国形成的前后顺序归纳如下：（1）波斯帝国（前550—前330），波斯帝国是最初的干燥地带大帝国；（2）孔雀王朝（约前324—前180），以种植水稻作为主要的经济来源，孔雀王朝是最早的湿润地带帝国，中心区域在恒河流域；（3）秦帝国（前221—前206）是东亚帝国，以栽培粟米为主要的经济来源；（4）罗马帝国（前27—476或1453），统一了地中海地区，是世界上最早的海洋帝国。

这四大帝国中的波斯帝国建立于公元前6世纪，罗马帝国建立于公元前1世纪，中间相隔500年。

游牧民族建立的波斯帝国统一了栽培小麦的地区

世界上最早的帝国是由游牧民族波斯人在伊朗高原（面积约是日本的4.5倍，地表的八成是沙漠）西南部的帕尔萨地区建立的波斯帝国。大流士一世（前522—前486年在位）时期，波斯帝国统治着爱琴海至印度河流域之间的广大地区。波斯帝国之所以能够统治广阔的疆域，是因为各地区的部族非常团结。波斯帝国的部族统一了埃及文明、美索不达米亚文明和印度文明，让小麦等粮食在帝国的广阔疆域内流通。

波斯国王为了加强自己的权威和波斯帝国的霸权，称自己是琐罗亚斯德教的绝对神阿胡拉·马兹达的代理人。亚述人建立的国家灭亡后，游牧民族波斯人乘机利用两匹马拉的战车南征北战，成就了霸业。大流士一世将整个帝国分为20个行政区，这些行政区都称为行省，波斯国王将波斯部族、米底人部族派到各地当地方长官，整个帝国实际上是由波斯人进行统治的。

粮食流通是波斯帝国的一项重要工作。为了搞好这项工作，波斯帝国进行了道路建设。除此之外，波斯帝国还开始使用字母和硬币。原则上，由波斯帝国的各行省征收银和砂金，用以铸造货币。

在征服小亚细亚的吕底亚之后，大流士一世把吕底亚国王克洛伊索斯铸造的钱币引进波斯帝国，将这种钱币作为通货，强制在帝国内部流通，从而强化了波斯帝国的统治。波斯国王用从帝国内的各地征收上来的金、银铸造货币，强制波斯帝国从地中海到印度河流域的广大区域使用这些货币，从而促进了小麦等粮食的流通。

从波斯帝国中央派到各行省的总督在各地的城市模仿波斯帝国的中心地区，修建府邸、征收租税、维持军队。大流士一世非常尊重波斯帝国内的各民族、各部族的风俗习惯。在西亚地区，部族的力量强大，这是理所当然的。正是因为这个原因，波斯帝国能够存在200多年。

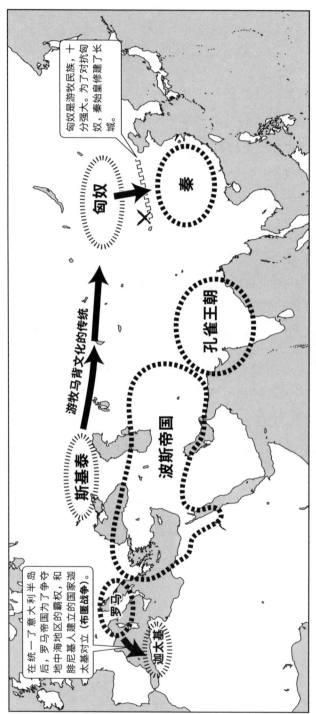

欧亚大陆的四个帝国

亚历山大未能继承霸权

一般来讲，出现在世界史上的帝国，在统治100年至200年后就会灭亡，而帝国也会在兴替中不断重复。原因如下：

各地区、各部族之间的差距拉大；

占统治地位部族的军事力量下降；

权力斗争；

被统治部族对占统治地位的部族不满的蓄积。

就波斯帝国的情况而言，波斯帝国使用两匹马拉的轻型战车作战的战法已经过时，是波斯帝国灭亡的一个重要原因。帝国的敌人斯基泰人使用的是骑兵作战方式；另一个敌人希腊人使用的则是重装步兵作战方式，步兵手持长6米的长矛，排成方队作战，非常强悍。

新兴的马其顿帝国位于希腊北部，靠近黑海，通过开发银矿得到了大量财富。有了财富作后盾，马其顿帝国融合了斯基泰人的骑兵作战方式和希腊人的重装步兵作战方式，建立了强大的军事大国。马其顿国王亚历山大二世20岁时，也就是在公元前334年，开始东征波斯帝国。由于采用了新式的军事技术和战法，亚历山大在4年后征服了波斯帝国。公元前333年，亚历山大在和地中海东岸安纳托利亚的边界上打了一场名叫伊苏斯的战役。这场战役决定了霸权的归属。亚历山大率领4.5万人打败了大流士三世率领的60万人的军队。如意大利半岛的城市庞培的马赛克画便描绘

伊苏斯战役

乘着两匹马拉的轻型战车的大流士三世（右）和骑马的亚历山大

了这场战役。画上骑马的亚历山大对乘着轻型战车的大流士三世
紧追不舍。这一点给人留下了深刻的印象。

亚历山大在灭亡波斯帝国之后，对军队进行了重组。他试图
从中亚入侵印度。但是，亚历山大在印度西部边境终止了远征，回
到古都苏萨。为了抵御亚历山大对印度的军事进攻，恒河流域最
大的国家摩揭陀不断加强军队建设，增强军事实力。摩揭陀后来
通过军事征服在印度建立了第一个帝国——孔雀王朝。孔雀王朝
是种植水稻地带建立的第一个帝国。

公元前 323 年，亚历山大 32 岁时染上疟疾后猝死。当时亚历

山大的孩子刚刚出生，一时间群龙无首，部将纷纷争权夺势。最后马其顿帝国发生分裂，其部将建立了三个比较大的国家。罗马共和国便乘东方混乱之际，在布匿战争中获胜，统一了西地中海地区。之后，罗马的屋大维又灭了埃及，统一了地中海地区。公元前27年，罗马帝国统一了包括埃及、叙利亚在内的地中海周边国家，成为世界史上第一个海洋帝国。西方史中讲，在罗马帝国建立之前，罗马内部进行了激烈的权力斗争。大体而言，罗马帝国是继承了波斯帝国、希腊的城邦国家、迦太基的政治遗产的海洋帝国。

在布匿战争中陆地力量战胜了海洋力量

住在黎巴嫩的腓尼基人将地中海变成一个商业海域。腓尼基人是一个商业民族，他们在东西方向上打通了地中海中部的岛屿，开辟航线，并在迦太基建立殖民城市，垄断和统治着西地中海地区。而且，迦太基还扼住了通往西地中海的唯一海峡西西里海峡的咽喉。

地中海被意大利半岛、西西里半岛、突尼斯连成的线一分为二，并通过墨西拿海峡和西西里海峡连为一体。其中，墨西拿海峡水流速度快，船舶很难通行。

为了在地中海称霸，腓尼基人建立的迦太基和希腊罗马联军进行了三次战争，史称布匿战争。在战争中，陆地强国罗马打败了海洋强国迦太基，地中海的霸权归属罗马。战争过程如下：

腓尼基人和代表新兴势力的希腊争夺东地中海的商贸权；

公元前9世纪，腓尼基人以迦太基为据点统治西地中海地区；

公元前272年，罗马通过军事手段统一了意大利半岛，之后统一了希腊的各殖民地，这些殖民地大部分位于意大利南部，称作玛格纳·格雷沙，即大希腊；

希腊的殖民城市叙拉古和迦太基争夺西西里岛，希腊请求罗马派援军；

罗马认为这是进军西西里岛的良机，派军援助希腊；

公元前264年至公元前146年，罗马与迦太基进行了三次布匿战争，罗马取胜；

罗马获得了西地中海的统治权。

殖民地和大量的物资支撑着

在布匿战争进行的同时，罗马向处于分裂状态的东地中海地区的霸主希腊发动了战争。公元前31年，在亚克兴海战中，罗马战胜了希腊。公元前30年，罗马灭亡了东地中海地区的强国埃及的托勒密王朝（前305—前30），吞并了埃及的商业城市亚历山大城。当时亚历山大城号称"除了雪，应有尽有"。公元前27年，罗马统一了东西地中海地区，成为世界上第一个海洋帝国。罗马帝国不仅统治着意大利半岛，地中海广大地区也成了罗马帝国的行省。这些行省由希腊等被征服民族的商人作为包税商征税。首都罗马的人口迅速膨胀至 100 万，一年里有 4 个月的粮食都是从埃及运来的。

罗马长期征战，行省的大量物资流入罗马。其中最重要的是东地中海地区的深厚文化底蕴，当它传入首都罗马时，罗马共和国开始出现希腊化的倾向。罗马对外征战的主力是由公民组成的重装步兵。但这时，公民已经转化为罗马市民，早已徒有虚名。而罗马帝国的新贵族通过对外战争和对行省的统治积累了大量财富，开始用面包和娱乐收买民心。一旦得到了贫困的罗马市民的支持，他们便可以整天忙于权力斗争。经过多年斗争，最终恺撒（前 100—前 44）的养子屋大维（前 63—14）获胜，他于公元前 27 年任罗马帝国元首（第一公民），罗马共和国成为罗马帝国。因为这个原因，恺撒的名字被附加在皇帝的称号上。到了后来，神圣罗马帝国皇帝称恺撒，俄国皇帝称沙皇都源于此。罗马帝国分为 12 个行省，由罗马中央政府向各地派遣行政长官。有 1000 多年历史的海路和 8.05 万公里的军队专用道路成为罗马帝国的大动脉。

波斯的萨珊王朝和罗马帝国同归于尽的原因

在亚欧大陆西部的干燥地带，打算复兴波斯帝国的萨珊王朝和继承罗马帝国衣钵的拜占庭帝国（又称东罗马帝国）争斗不休。330 年，罗马帝国将首都从罗马迁至黑海入口处的君士坦丁堡。395 年罗马帝国分裂后，这里成为东罗马帝国，也就是拜占庭帝国的首都。随后，萨珊王朝和拜占庭帝国进行了激烈的战争。拜占庭帝国的查士丁尼大帝（527—565）征服了北非的汪达尔王国、意大利半岛的东哥特王国的同时，萨珊王朝因游牧民哈扎尔人的入侵而衰落。而后，拜占庭帝国与萨珊王朝的战争不断升级。到了 6 世纪，萨珊王朝和拜占庭帝国开始相互进攻对方的首都，两国相争导致双方都衰落了。

这时候，阿拉伯沙漠的阿拉伯游牧民崭露头角，他们给萨珊王朝和拜占庭帝国迎头一击，成为新的霸主。这一点是谁都没有预料到的。

东亚的"飞地帝国"——秦和汉

中国的内陆型帝国和种植小麦的文明迥异

黄河流域经常发生大规模的洪水灾害，以至于每两三年黄河就会改道。中华文明的特色可以列举如下：

降水量较多，还可以利用地下水，但农业经营规模较小，缺乏大规模的水利工程和灌溉工程；

蒙古高原上存在着强大的游牧民族，中国没有足以阻挡游牧民族侵略的天然屏障，因此中国的农业社会必须增强凝聚力，并加强军事力量；

中国存在着固有的天命思想，主张中国的统治者是在执行天帝的意志，必须实行中央集权式的统治；

为了加强对广阔疆土的农民部族的统治，使用了大量的官僚。

中国幅员辽阔，语言因地而异。时至今日，上海话、福建话、广东话等地方话还在使用。而汉字是官僚等使用的政治性文字，对幅员辽阔的国土保持统一起着重要作用。

在埃及、美索不达米亚、印度河流域等种植小麦的地区，商人为了进行交流而创造了简单的表音文字字母，字母不断被越来越多的地区接受。而中国有所不同，是通过官僚这一特权阶层使用的汉字将各地联系在一起的。人们必须学会使用难懂的文字，才有可能跻身统治阶层。

汉族和游牧民族的你死我活的斗争是宿命性的

公元前221年，秦王嬴政逐步消灭战国七雄，统一中国。嬴政自称始皇帝，即秦始皇。他自称皇帝是认为自己具备传说中的三皇五帝之德，作为天帝的代理人，被赋予了统治天下的权力。秦始皇先是制定法律，将自己的意志明文化的同时在全国实施。随后又统一了文字、货币和度量衡，实现车同轨、书同文。他实施郡县制，将全国的土地变为自己的直辖土地，并通过集权式的官僚机构进行统治。战国时期，燕国、赵国等国为了防御游牧民族的入侵，分别修建了长城。秦始皇统一六国后，将这些长城连在了一起，组成了秦长城。随后，秦长城便成为农耕民族和游牧民族的分界线。几乎同一时间，蒙古高原上的匈奴人引进了斯基泰人的骑马技术，变得非常强大。秦始皇把长城作为抵御匈奴人入侵的屏障。有史以来，农耕民族和游牧民族的冲突不断重复。为此，继承了秦朝的中央集权衣钵的历代王朝必须维持强大的国力，才能与游牧民族抗衡。

　　但是，中国历代王朝这样做付出的代价也不小。为了增强军事力量和发动战争，中国的历代统治者给农民带来了沉重的负担。民众往往不堪重负，发动起义，导致王朝灭亡，周而复始。秦始皇死后不久，秦朝便因为农民起义灭亡了。

相继建立帝国的是游牧民族而非汉人

　　中国的历代王朝都是由部族进行统治的，部族的兴衰以王朝兴替的形式表现出来，周而复始。汉王朝延续了约400年，在汉武帝在位时期（前141—前87），汉朝的国力达到了顶峰。另外，汉武帝和北方的游牧民族匈奴进行了长期的战争，农民负担沉重，地方豪族势力不断增强。结果，汉王朝在3世纪初灭亡了。之后，进入了魏、蜀、吴三国鼎立时期（220—280）。晋统一三国后不久，游牧民

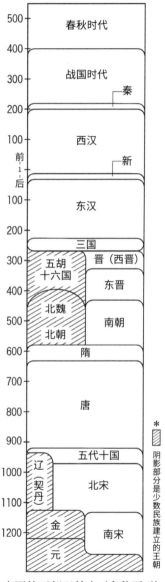

中国的王朝兴替史（春秋至元）

族进入中原，中国又进入十六国时代（304—439）与南北朝时代（420—589）。结果，最终掌握霸权的是游牧民族鲜卑人建立的国家。鲜卑人夺取了汉族豪族的土地，实施均田制。隋朝（581—618）和唐朝（618—907）都是以均田制为基础、拉拢汉人地主而建立的具有部分鲜卑血统的王朝。

之后，北宋、南宋、明朝都是农耕民族汉族建立的王朝。相对地，北方的游牧民族在军事上有绝对优势。蒙古人建立的元朝、满族人建立的清朝统治了农耕地带和游牧地带，也建立了大帝国。不过，鲜卑人、蒙古人、满族人等游牧民族长期统治中原地区也是不争的事实。魏晋南北朝以后，总体来看，北方游牧民族在军事上占优势，江南的湿润地带不得不接受北方游牧民族的统治。

第三章
欧亚大陆经济一体化始于阿拔斯王朝

伊斯兰教诞生于不毛之地的阿拉伯沙漠

伊斯兰教是统一阿拉伯半岛的精神支柱

　　拜占庭帝国和波斯萨珊王朝在军事上长期对立，这一过程持续了数百年，最终令二者都衰败了。此后，干燥地带的霸权迎来了重新洗牌的时代。这一时代的特征是各部族相互争斗，群雄割据，最终新兴势力依靠强大的军事实力崭露头角。在争霸斗争中首先唱主角的是阿拉伯半岛的阿拉伯游牧民。从地图上能看到，沙漠占阿拉伯半岛的大部分，阿拉伯半岛也是西亚最干燥的地区。正是在这一时期出现了一神教伊斯兰教。伊斯兰教能够提高凝聚力，掌握伊斯兰教的核心权力的虽仅有200人左右，但却得到为数众多的部落拥护。伊斯兰教出现于此时纯属偶然，世界发生转型更非是一蹴而就的，而是由很多现象和事件相互交织，形成趋势，转型才得以实现。阿拉伯半岛发生转型的具体经过如下：

拜占庭帝国和萨珊王朝的战争日益激烈。商人们用骆驼驮着财产和商品经商；为了规避战争风险，商人们开始选择从叙利亚经阿拉伯半岛西岸的通道；

由于很多牧民成为商人，阿拉伯半岛的部落之间贫富分化加深；

麦加商人穆罕默德创立了伊斯兰教；

为了在阿拉伯半岛的部落战争中占据优势，各部落加强了和伊斯兰教的联系。

穆罕默德（570—632）受犹太教和基督教的影响创立了伊斯兰教，并自称为"最后的先知"。穆罕默德认为神只有一个，这就是安拉。安拉和犹太教的耶和华、基督教的上帝一样，都是荒漠的全能神。当时，阿拉伯半岛的人均寿命为 40 年。穆罕默德却是在过了 40 岁之后开始创立伊斯兰教，在最初传道的 20 年时间里仅有 400 人信仰伊斯兰教。但当时，阿拉伯半岛的每个部落仅有 200 人左右。由此可见，穆罕默德的 400 名信徒算得上是一支较强大的队伍。因此，很多部落首领都希望和穆罕默德联盟，穆罕默德利用自己的威望和政治才能将阿拉伯游牧民聚拢在自己麾下，兵不血刃地占领麦加。进而，穆罕默德于 630 年统一了阿拉伯半岛。穆罕默德在统一阿拉伯半岛后不久就突然去世了。为了避免因穆罕默德的去世而造成混乱，伊斯兰教规定将穆罕默德的继承人称作哈里发的同时，将统治权交给哈里发。伊斯兰教把穆罕默德传达的神谕称作"古兰"（意思是值得读的东西），并对这些神谕进行整理，使之成为信仰的根据，这就是《古兰经》。

阿拉伯游牧民的征服运动

伊斯兰教会为了防止分裂，就让游牧民出去夺取财富。每隔一段时间，哈里发便会组织阿拉伯游牧民开始进行远征。伊斯兰教会最初想征服的是沙漠的商业中心大马士革。由于时机得当，征服大马士革的军事计划获得圆满成功，游牧民也得到了大量的战利品。之后，伊斯兰教会的军事力量大幅增强，以此为基础，他们进一步远征属于拜占庭帝国的埃及、包括叙利亚在内的地中海南部。就这样，萨珊王朝灭亡了，拜占庭帝国也衰落了。就这样，由拜占庭帝国和萨珊王朝维持的世界秩序在阿拉伯游牧民族的打击下崩溃了。拜占庭帝国最后在与阿拉伯游牧民的战争中使用了石油做成的火焰发射器，俗称"希腊火"，这才守住了首都君士坦丁堡和帝国。可是地中海商业的支配权已经落到了穆斯林手中。

为了师出有名，阿拉伯游牧民为征服外民族的活动披上了宗教外衣，美其名曰"圣战"。7世纪至14世纪是游牧民族兴盛的时期。7世纪以后的阿拉伯半岛的阿拉伯游牧民、11世纪以后的中亚突厥人、蒙古人都是游牧民族兴盛时期的主要代表。其中，阿拉伯

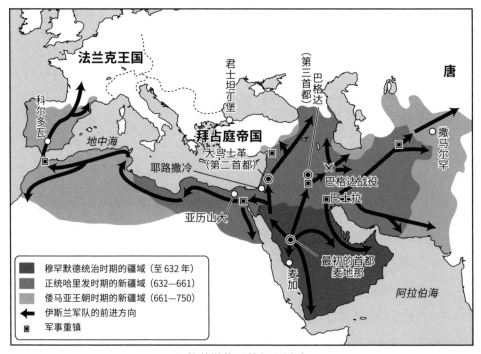

阿拉伯游牧民的征服活动

人征服运动的具体过程总结如下：

636 年，阿拉伯人打败了号称拥有 20 万大军的拜占庭帝国，占领大马士革；642 年，阿拉伯人征服了谷仓地带埃及，一直进攻到利比亚东部，将地中海南部收入囊中；

637 年，阿拉伯人打败萨珊王朝的军队，吞并了今天的伊拉克南部；萨珊王朝的国王离开首都，逃到伊朗高原；

642 年，萨珊王朝尝试进行了最后一次反攻，以惨败告终；

651 年，萨珊王朝的国王被杀，萨珊王朝灭亡。

阿拉伯人在沙漠周围建立军事重镇，以此为据点向四周扩张。与此同时，哈里发任命了远征的司令官，命其全权处理军事事务。在战争中，将士们获得的战利品全部换算为货币，其中的 1/5 上交给哈里发，剩下的 4/5 分配给将士们。征服的地区分别由各个实力雄厚的阿拉伯部落来统治。在这些地区，人们尊重传统，部落首领向当地人征收人头税和土地税。由此可见，阿拉伯帝国是一个结构较为松散的结合体，帝国内民族不同，文化传统也不同。

此后，阿拉伯人靠西亚、埃及等农耕民族来养活，过着寄生生活。通过对外军事扩张，约 130 万名阿拉伯人从阿拉伯半岛的不毛之地扩散到叙利亚、埃及、伊拉克、伊朗。在同一时期，阿拉伯人采用了伊斯兰历法，编纂了《古兰经》，巩固了伊斯兰社会的统治基础。

逊尼派和什叶派相争，是阿拔斯王朝建立的前奏

阿拉伯人通过对外军事扩张，建立了倭马亚王朝（661—750）。这个王朝是通过有实力的部落组成部落联盟这一传统方法维持统治的。与此同时，阿拉伯人为了加强部落的统治，还充分利用伊斯兰教进行集权。

661 年，第四代哈里发阿里（阿里是先知穆罕默德的堂弟，娶了穆罕默德的女儿）被暗杀。阿里的两个儿子哈桑和侯赛因在和

叙利亚总督穆阿维叶的战斗中阵亡。于是，哈里发的头衔被倭马亚家族（穆阿维叶一族）独占。这时，阿里的拥护者们组成了什叶派，什叶派打着阿里的旗号，要求真主安拉的信徒一律平等。另外还有一派是保守派逊尼派，是以势力强大的游牧部落为核心组成的，最终什叶派受到强大的逊尼派的压制。属于逊尼派的倭马亚家族是个强大的部落，掌控叙利亚的大马士革，倭马亚家族的人轮流担任哈里发，创建了倭马亚王朝。倭马亚王朝可以说是由以倭马亚家族为核心的部落联盟形成的帝国。之后，倭马亚王朝将版图从中亚扩张至伊比利亚半岛。为数众多的被征服的民众皈依了伊斯兰教。实力强大的阿拉伯部落属于特权基层，致力于维护本阶层的特权。因此，社会矛盾不断激化，治安也随之恶化。

阿拔斯王朝通过商业统一了的伊斯兰世界

阿拔斯王朝统一伊斯兰世界的契机是迁都巴格达

从倭马亚王朝变成阿拔斯王朝，并非仅仅是政权的更迭，也包括在这一阶段阿拔斯王朝统一了伊斯兰世界。阿拉伯人通过将实力雄厚的部落结为联盟，加强统治。在进行统治时，阿拉伯人并不拘泥于民族，而是以伊斯兰教为纽带把各个民族维系在一起。通过这种方式，阿拉伯人和波斯人建立了合作机制。这样一来，由通过军事征服的"征服时代"向在伊斯兰教这一国际秩序下从事经济活动的"经济时代"转型。阿拉伯帝国的中心从与地中海相连的地区向与印度洋相连的地区转移。于是，印度洋被纳入阿拉伯帝国的版图，伊斯兰式的经济活动也扩大了范围。叙利亚和伊拉克虽然距离印度洋很近，但这一中心的转移具有重要的历史意义。阿拉伯帝国将经济活动的中心从干燥的地中海，转移到干燥地带和湿润地带的连接处，并进入将东非、西亚、印度、东南亚、中国南部连在一起的印度洋。这样一来，阿拉伯帝国便转型成为陆地和海洋的大商业帝国。

正是出于以上这些原因，阿拔斯王朝的第二代哈里发曼苏尔（754—775 年在位）动员 10 万劳动力，花费 4 年时间在底格里斯河和幼发拉底河相交汇的要地修建了新都巴格达。巴格达是个圆形的要塞，其基本功能是军事和政治中心，后逐渐发展为一个将印度洋和内陆的商路相连的国际商业城市。

将亚欧大陆和非洲相连，东西交流频繁

各种各样的商品集中到巴格达，同时各种各样的文明也在巴格达交汇。因此，巴格达成为国际城市。干燥地带的性质迥异的各种文明在巴格达融汇为"真主安拉创造的文明"。9 世纪，哈里发马蒙（813—833 年在位）修建了名为智慧宫的研究场所，里面有学校、图书馆、翻译部门。在那里，哈里发有组织有计划地让基督教聂斯托利派的信徒将希腊语文献翻译成阿拉伯语。阿拉伯人不仅发扬光大了印度数字和代数学，还在中国炼丹术的影响下发明了炼金术。此外，阿拉伯人还在医学和哲学方面取得了长足的进步。这一切，都对欧洲文明产生了重大影响。

由于阿拔斯王朝有大量人口集中在巴格达、巴士拉等大城市，为了保障粮食供应，他们恢复了伊拉克南部的农业生产。与此同时，阿拉伯人还从印度运来了大米、白糖、橘子、柠檬、棉花等。此外，阿拉伯人还在非洲东岸购买了大量的黑人奴隶，让黑人奴

隶去除旱田里的盐分，以经营大型农场。

穆斯林商人利用帆船、骆驼、马匹在亚欧大陆的大部分地区和非洲大陆做行商。9世纪，形成了以海路和陆路为中心的巨大的伊斯兰贸易区。其中，海路将地中海、印度洋、中国南海连在一起；陆路则将北非、拜占庭帝国、俄罗斯、西亚与丝绸之路连在一起。

北欧海盗和犹太人在南北的毛皮交易中异常活跃

养蚕技术传到西亚之后，丝绸价格不断下降。因此北方森林中产的毛皮取代丝绸成为新的奢侈品。9世纪至10世纪，伊斯兰贸易区与俄罗斯、波罗的海海盗之间的商业贸易额大幅度增加。新兴的毛皮交易将本来分属于南北的干燥地区连在一起，形成了巨大的贸易区，使得亚欧大陆的经济活动更加频繁，规模更大。

穆斯林商人生长在沙漠地带，没有胆量和技术进入草木繁茂的森林捕野兽、搞毛皮。可是，伊斯兰社会对毛皮的需求却不断高涨。住在波罗的海沿岸的瑞典商人抓住这个商机，积极开展毛皮交易。

北欧海盗从波罗的海出发，使用浅底的海盗船，沿河岸收购毛皮、蜂蜜、奴隶等。随后，他们利用注入里海的伏尔加河将毛皮运到草原地带。当时，位于里海北岸的伏尔加河口的突厥族哈扎尔汗国成了毛皮交易的中心。撒马尔罕商人、犹太商人等云集这里。特别值得一提的是犹太商人，他们精明强干，起着主导性作用。所以哈扎尔汗国便以犹太教为国教，吸引犹太人到这里做生意。

北欧海盗往来于波罗的海、东欧、里海之间，被斯拉夫人称作罗斯人（意思是划船的人）。一般认为罗斯人就是俄罗斯人的词源。罗斯人后来演变为基辅人，基辅人建立了俄罗斯的前身基辅大公国（9 世纪至 13 世纪）。基辅大公国不仅通过和拜占庭帝国开展贸易而繁荣起来，还引进了西里尔字母和希腊正教，为俄罗斯的建立奠定了基础。

北欧海盗通过毛皮交易获得的银币属于称量货币，这种货币在北欧和东欧地区流行后，促进了货币经济的发展。考古学家曾从北欧海盗的坟墓中挖出了 20 多万枚银币，而这些银币竟然是在丝绸之路的中心撒马尔罕铸造的。这说明，住在沙漠的撒马尔罕商人也在从事毛皮交易。

另一件可以作为类比的事情就是：听说非洲的苏丹盛产黄金，价格便宜，穆斯林商人们便穿过撒哈拉沙漠，来到苏丹的尼罗河的大弯曲部，用在撒哈拉沙漠中采掘的岩盐、纺织品和日用品换到了大量的黄金。这是纵贯撒哈拉的贸易。

海路贸易

在阿拔斯王朝统治期间，经贸领域最值得一提的大事，是利用季风航行在中国南海、印度洋上，开展商业、贸易活动。穆斯林商人、波斯商人、印度商人、马来商人、中国商人等开启了"亚洲大航海时代"。可是，他们贸易的海域仅仅局限在欧亚大陆的南部边缘，结果就是世界史没有发生全球规模的从陆地向海洋的转换。具有浓厚的伊斯兰地区特征的帆船有高高的桅杆和巨大的三角帆，船板用椰子纤维缝在一起，用纤维等物塞住缝隙，防止进水。这种帆船在世界上也是少见的。伊斯兰式帆船往来穿梭于波斯湾、印度、东南亚、中国沿海地区等。值得注意的是，阿拉伯海、孟加拉湾、岛屿众多的中国南海等地属于季风气候区，每年的风向定期发生变化。所以，人们在这些海域开辟了定期航线，即开辟了途经马六甲海峡，全长约900公里的通往中国的航路。从波斯湾的巴士拉到中国广州，他们还开通了直航航线，单程为一年，往返则为两年。海运运输量很大，这是陆路的丝绸之路比不了的。因此，大量的物资来往于亚欧大陆。

在阿拔斯王朝鼎盛时期编纂了短篇故事集《一千零一夜》，这本书也被称作《天方夜谭》。后世的《鲁滨孙漂流记》和《格列佛游记》等作品，都是以《一千零一夜》"航海家辛巴达的冒险"为模板的。辛巴达充满了冒险精神，反映了当时的海上贸易情况。伊斯兰的航海家们使用名为卡玛尔的简单装置，用以测定北极星和地平线的位置，来给船只定位，进而利用季风，从事航海事业。实际上，通过观测天体来定位，也是用来穿越荒无人烟的沙漠的方法。

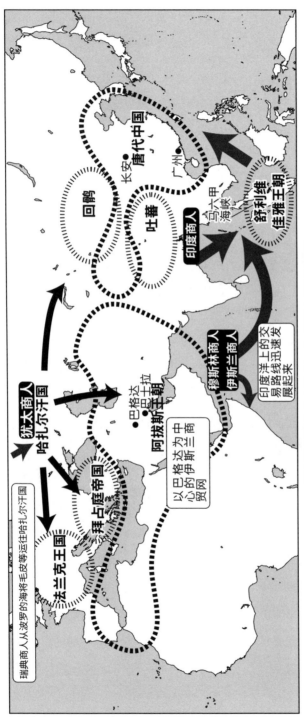

阿拔斯王朝统治下的发达的辛巴达式海陆路贸易

第四章
蒙古帝国是如何掌握欧亚大陆霸权的

陆地世界的重组始于大草原

游牧民族土耳其人颠覆了阿拉伯帝国

11 世纪，中亚大草原的游牧民族突厥人控制了阿拉伯帝国，陆地世界出现了新的变化。

10 世纪时，国际贸易的发展，造成了贫富悬殊，再加上逊尼派和什叶派的斗争愈演愈烈，阿拔斯王朝开始衰退。什叶派便趁机在埃及建立了法蒂玛王朝，在巴格达建立了白益王朝。

阿拔斯王朝的逊尼派是统治阶级，生活富裕。他们从往来于丝绸之路的商人那里购买了大量的军事奴隶。这些军事奴隶主要是中亚游牧民族突厥人的子弟。逊尼派通过这个方法维持军事力

量和统治。虽然，逊尼派采用突厥佣兵，在提高战斗力方面暂时起
到了作用。但是，这一措施也为突厥部落依靠军事力量征服阿拉
伯帝国埋下祸根。这一变化的开端是突厥人中的塞尔柱部落在全
部皈依伊斯兰教后，出人意料地占领巴格达。接着，什叶派把哈里
发作为傀儡来控制的同时，建立了白益王朝。最终，塞尔柱部落
推翻了白益王朝，从阿拔斯王朝的哈里发那里获得了世俗统治者
苏丹的称号，塞尔柱帝国（1037—1194）就此取代阿拉伯帝国。阿
拉伯的哈里发本来打算在军事上利用突厥人打仗，结果突厥人却
窃取了王朝的统治权，真是世事难料。尽管塞尔柱帝国通过合法
手段夺取了阿拉伯帝国在各地的征税权，但是突厥部落的习俗与
伊斯兰帝国的习俗不符，突厥人之间不仅争权夺利，而且无法为
富裕的农耕社会带来稳定的社会秩序。由于突厥部落的互相争斗，
阿拉伯帝国分裂出的小国在西亚、北非各处纷纷建立。

　　与此同时，突厥部落从东面的山区入侵拜占庭帝国。拜占庭
帝国处于危急存亡之秋。于是，拜占庭帝国皇帝向罗马教皇乌尔
班二世（1088—1099年在位）请求援助。罗马教皇为了夺回圣地耶
路撒冷，组建了十字军。从1096年至1291年，罗马教皇与西欧各
国国王断断续续派出军队进行十字军东征。

亚欧大陆的脊梁在地理学上占优势

中亚草原游牧民的崛起给陆地世界带来了重大变化。从匈牙利草原到俄罗斯干草原、蒙古高原直到中国东北平原，东西横贯8000公里的大草原在地理学上具有重要的意义。因为这里只要出现强大的骑兵部队，马上就可以统治干燥地带及其周围地区。大草原是将伊斯兰世界、中国和俄罗斯联系在一起的亚欧大陆的脊梁。而大草原的西部和东部便是突厥人和蒙古人活跃的地区。

蒙古人登上历史舞台的时间稍晚，但他们利用以下三个条件统一了亚欧大陆：

由于游牧民族突厥人的进攻，伊斯兰世界陷入一片混乱；

中国东北地区的金征服了中国的北方，南宋对金称臣，中国处于混乱的分裂状态；

乌克兰人建立的基辅大公国不断衰落。

最终，蒙古人统一了亚欧大陆的大部分国家和部落，建立起大帝国，堪称壮举。从公元前3000年开始，亚欧大陆一直分为农耕社会、游牧民地区和商人居住的区域，而今终于实现了统一。由于东西方交流的不断扩大，处于亚欧大陆边陲的欧洲人对陆地世界的关注不断增强，对世界的认识也不断拓展。在东方，蒙古人将主力部队留在蒙古高原的同时，派出远征军，经过数次远征，建立了蒙古帝国（1206年至14世纪）。蒙古帝国可以说是以蒙古人为核心的各地游牧部落的联合体，或称利益共同体。它由以下四个部分组成：

蒙古高原、中原地区、中国东北，称作元；

伊斯兰世界，称作伊儿汗国；

中亚，称作察哈台汗国；

俄罗斯，称作金帐汗国。

通向和平的蒙古帝国之路

有威望的领导人和骑兵部队是蒙古帝国的强权所在

蒙古帝国以蒙古部落为核心，统一了亚欧大陆的各部落，进而掌握了亚欧大陆的霸权。杉山正明在《蒙古帝国的兴亡》中指出："蒙语中的乌古斯是指部众、人类团体，这个词在阐释蒙古帝国时非常有效。"从这里我们能看出，乌古斯这个词中土地、领域的含义较淡，主要是指部落。蒙古帝国的统治者通常称汗或者大汗，但蒙古帝国是大汗及下属的多个汗组成的二重结构的多元复合体。

部落的复合体是通过强大的军事力量实现的。铁木真幼年丧父，经过长期征战，在40多岁时统一了蒙古高原。在这一过程中，蒙古人形成了以部落为基础的集权式战斗集团。1206年，铁木真称汗，即成吉思汗（1206—1227年在位）。他模仿金朝的军事制度，制定了千户百户制，将蒙古人重新划分为95个千户。由此可见，游牧民族中如果出现有威望、有能力的领导人，就可以把众多部落团结在一起，继而做大做强。如果再建立起一支强大的骑兵部队，就更是如虎添翼。当时，西夏支配着丝绸之路东部的贸易区，地位非常重要。所以成吉思汗统一蒙古高原之后，马上派出强大的骑兵部队和具有羌族血统的西夏作战。与此同时，成吉思汗和统治着中亚西半部、具有突厥血统的花剌子模王国签订协定，打算扩大蒙古帝国的贸易区。成吉思汗知道，游牧民族要想富裕起来，最有效的方法就是保护商人，获取税收。但是，在西亚地区，他的声名还不够显赫。

因为丢了面子，成吉思汗开始采取行动

即便是今天，在干燥地带，权力仍旧是和军事力量相结合的，即有威望、有威信的统治者的面子比什么都重要。统治者如果不够强大的话，家长式的部落统治就无法实现，如土耳其的凯末尔等统治者都非常重视面子。蒙古帝国也是一样，也很重视面子。蒙古帝国建立后采取的第一个举措就是建立与中亚的联系，但这件事情进展不顺，令成吉思汗丢了面子，结果导致成吉思汗开始远征。

1218 年，为了巩固对干燥地带的商业的支配权，成吉思汗向中亚的新兴势力花剌子模国（1142—1231）派去了由 450 名伊斯兰商人组成的使节团。使节团让 500 头骆驼驮着成吉思汗送给花剌子模国王的礼物前往花剌子模。然而，当成吉思汗派出的使节团抵

达讹答剌时，当地的地方长官以涉嫌从事间谍活动为由杀害了成吉思汗的使节，夺走了成吉思汗送给花剌子模国王的礼物，史称讹答剌事件。成吉思汗对此提出严重抗议，后又再次向花剌子模派出使节，而这次使节团成员竟然被剃掉胡须后赶了回来。要知道，在干燥地带的国家，被剃掉胡须是最大的耻辱。

为了维护自己的面子并一雪前耻，成吉思汗不得不派出远征军。也就是说，讹答剌地方长官的行为成为蒙古人称霸亚欧大陆的导火索。1221 年，蒙古军队灭亡了花剌子模王国。成吉思汗在1227 年灭亡西夏后不久去世，可以说是在完成了对中亚大草原和丝绸之路的控制后，成吉思汗的生命才走向终点。之后，蒙古人从草原上派出大规模的骑兵部队，征服了伊斯兰世界的东部、中国、俄罗斯，统一了干燥地带，建立了大帝国。

第四代蒙古大汗时，蒙古军队将伊斯兰势力驱逐出欧亚大陆

蒙古部落分阶段一步步征服了阿拔斯王朝、金、北面的俄罗斯，分别在上述地区建立了以蒙古人为中心的政权。大草原将伊斯兰世界、中国、俄罗斯联系在一起，可见，蒙古人充分发挥了大草原在地缘政治上的有利地位。第二代蒙古大汗窝阔台汗征服了俄罗斯的基辅大公国和中国北部的金，把蒙古帝国的统治范围扩展至亚欧大陆。蒙古人在蒙古高原上修建了新首都哈拉和林，在大草原上每隔约40 公里设立一个驿站，建立了驿站制度，以加强

蒙古高原和西部的东欧草原的联系。由此，蒙古大汗的特使一昼夜便可以在大草原上行进 450 公里。

第四代蒙古大汗蒙哥（1251—1259 年在位）彻底摧毁了阿拔斯王朝的首都巴格达后，把北非以外的阿拉伯世界纳入蒙古帝国的版图中。此后，阿拉伯人统治下的和平时代结束了，蒙古人统治下的和平时代开始了。据阿拉伯史学家说，在巴格达沦陷之际，蒙古人对巴格达市民进行了长达 7 天的掠杀。此后，伊斯兰世界的中心转移到埃及的开罗。

忽必烈连接欧亚

蒙古帝国转型为军事帝国、商业帝国

和阿拉伯帝国一样，蒙古帝国统治着亚欧大陆的各民族、各部落。为了保持稳定，蒙古帝国也从军事帝国转型为商业帝国。当时蒙古人虽将人口分为四等，但是，蒙古人在评价人时重视的不是民族出身，而是才华、能力。正是靠着这个，蒙古人才建立了地跨亚欧的大帝国。

第五代蒙古大汗忽必烈（1260—1294 年在位）统治时期，威尼斯商人被归于色目人，即二等人。马可波罗在元朝为官 17 年，后来在《东方见闻录》（即《马可·波罗行纪》）中就蒙古帝国为了有效统治处于干燥地带的欧亚大陆而设立的驿站制度做了如下说明："从元朝首都大都（今天的北京）修建出很多道路，通往沙漠等地区。蒙古大汗的使者从大都出发，沿着这些大道往前行进，每隔 40 公里，就能够到达一个驿站。每个驿站都建有又大又豪华的驿馆，这是供大汗的使者休息的地方。房间里的床上有丝质的被

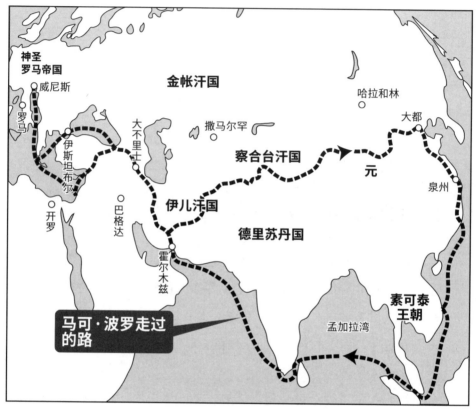

马可·波罗走过的海路和陆路

褥，非常奢华。除此之外，使者需要的重要东西应有尽有。驿站里还饲养着 400 多匹马，是为大汗的使者准备的。而且，有时候使者们要疾驰在没有道路、荒无人烟的山区。即便是在这种地方，蒙古大汗都设了驿站。这些驿站里既有馆舍也有马匹和马具——其他的驿站有什么，这里也有什么。"

忽必烈于 1279 年灭了南宋，将整个中国纳入蒙古帝国的版图。此前，他已按照中国的习惯，于 1271 年将国号定为元。忽必烈在欧亚大陆将"草原之路"和"海洋之路"连接在一起，并以伊儿汗国的大不里士（今伊朗）和元朝的大都为中心，构筑了亚洲的环形交通贸易网。之后的清王朝是以蒙古帝国为模板建立起以东亚为中心的大帝国。在当今世界，仅有陆地霸权是不够的，甚至海洋霸权的时代也已经成为过去，正值空域霸权的时代。

"陆地"的货币是银子，而元朝使用纸币

穆斯林商人和蒙古帝国的关系是公平交换，"有所予有所取"。如果要把部落和城市、农村结合在一起，商人的作用必不可少。蒙古人巧妙地利用了穆斯林商人、犹太商人和中国商人。通过给予商人一定的权利，实现了干燥地带贸易区的一体化。同时，银币成为通用货币。不过，蒙古人在中原地区只流通纸币，他们把从中原地区收集的大量白银运到白银极端匮乏的伊斯兰世界，获得了大量利润。就这样，亚欧大陆的经济实现了一体化。

忽必烈禁止使用铜钱，规定统一使用纸币。纸张廉价，能够随心所欲地印钞票，蒙古人得以通过合法手段进行掠夺。有趣的是，西亚的伊儿汗国白银匮乏，也想模仿元朝的做法，流通纸币，甚至还从元朝请来印钞的工匠。但是，由于商人强烈反对，纸币的发行以失败告终。

蒙古的霸权给世界带来的影响

亚洲环形交通贸易网由草原之路和海洋之路构成，规模庞大。蒙古帝国充分利用这一交通网络，给干燥地带的周边带来了巨大影响。亚欧大陆各地受到蒙古帝国有形无形的压力，令各地的传统社会发生了重大变化。其详情如下。

1. 对东亚地区的影响

1259年，蒙古人令朝鲜半岛的高丽臣服。1279年，南宋被元朝灭掉，东亚纳入蒙古帝国的版图。干燥地带的游牧民族吞并了位于湿润地带的农耕民族。NHK电视台曾经播放过韩国的古装片中出现了蒙古式的烤肉。本来，朝鲜是佛教社会，禁止杀生，但蒙古人却改变了韩国的饮食习惯和社会习惯。也就是说，蒙古的游牧民文化给亚洲带来了重大影响。

日本列岛四面环海，在征服南宋之后，蒙古人派大型舰队前来征服日本。这就是文永之役（1274）和弘安之役（1281），为此日本人将蒙古人称作元寇。马可·波罗解释说，忽必烈远征日本的目的是从日本获得黄金。日本人虽经过浴血奋战打败了入侵的蒙古人，但为了抵抗蒙古人入侵日本，镰仓幕府给家臣们造成了巨大负担。不仅如此，镰仓幕府还无力论功行赏，抚恤更是无法兑现。结果1333年，镰仓幕府灭亡。

另外，蒙古人的侵略扩张促进了东亚的交流和贸易。这一点是不容忽视的。日本和元朝的贸易额超过了日本和宋朝的贸易额，日本的很多禅僧长期留在中国。商人和僧人在回国时将中国的生活文化和佛教文化带回了日本。

2. 对东南亚的影响

1254 年，蒙古军队占领大理国。1287 年，蒙古军队征服缅甸。但后来蒙古军队三次远征越南的陈朝，均以失败告终，不过触发了连锁反应。当时在印度支那半岛北部的泰族人南下，形成一大势力。泰族人在北部建立第一个王朝素可泰王朝（1257—1350）。在阿瑜陀耶（大城王朝）时期（1350—1767），泰族人更成为印度支那半岛的核心商业力量。

在元朝，泉州是穆斯林商人的活动据点。从泉州到爪哇岛的航线上，常有海盗出没。1292 年，信诃沙里王朝灭亡，满者伯夷王朝（1293—1520）取而代之。进而，满者伯夷王朝推翻了以苏门答腊岛为统治中心的三佛齐王国（7 世纪—14 世纪），从而控制了马六甲海峡。三佛齐王国在被满者伯夷王朝推翻之际，商业贵族们移居马六甲海峡地区。这使得马六甲王国（15 世纪初—1511）成为商业王国。

可见，在 13 世纪的蒙古帝国冲击下，处于湿润地带的东南亚也进入大变革时期。

3. 蒙古帝国对伊斯兰世界的影响

西亚地区被纳入蒙古帝国的版图之后，伊斯兰世界统治下的和平时期结束了。伊儿汗国把首都从巴格达迁往与草原大道相连的新都大不里士。随后，大不里士发展成为人口达 100 万的大城市。但是，由于政治中心转移到了草原，西亚也开始走向衰落。埃及马穆鲁克王朝（1250—1517）的首都开罗在此基础上，逐渐成为伊斯兰世界的经济中心。

4. 蒙古帝国对俄罗斯的影响

基辅公国被蒙古人灭亡后，伏尔加河流域等地区也落入蒙古人手中。之后，在长达 200 年里，蒙古人和突厥人统治着俄罗斯。在俄罗斯，把干燥地带来的游牧民族的强权统治称作"蒙古人的桎梏"。那时的俄罗斯人信仰了东正教，民族凝聚力增强，才免于被同化，这在民族精神和社会习惯上与当今的俄罗斯社会一脉相承。但曾是里海北岸的毛皮交易中心的哈扎尔汗国，却被蒙古人灭亡了。哈扎尔汗国以犹太教为国教，国家灭亡后，很多犹太教徒移居波兰、立陶宛。这些人便是东方犹太人的始祖。从 19 世纪末到 20 世纪，东方犹太人又大举移民美国。

北京将草原之路和海路连在一起

在陆地世界搞基础建设

1260 年，忽必烈继任为第五代大汗。第二代大汗窝阔台的孙子海都汗对忽必烈十分不满，纠集草原的 3 个汗国起兵讨伐忽必烈，这就是持续了 40 年的海都之乱。14 世纪初，海都死后，海都之乱方才平定。受海都之乱的影响，蒙古帝国分裂为农耕社会和游牧民社会。随后，吉普察克汗国也扯旗造反。一时间，忽必烈政权危险重重，只得开始加强对中国地区的统治，以稳固后方。为此，忽必烈政权的重心开始南移，定都于大都，即今北京。

马可·波罗在《马可·波罗行纪》中写道："就归忽必烈支配的臣民、领土、财宝而言，从我们的祖先亚当开始直到今天，是从未见过的。忽必烈掌握着很大的权力。"忽必烈以强大的军事力量为后盾，统治着游牧民族和农耕民族。忽必烈尊重佛教、犹太教、伊斯兰教、基督教的信徒们，允许他们参加各自的礼拜活动，主张各宗教是平等的。通过这一措施，在忽必烈的统治下，实现了多文化的共存。蒙古帝国和阿拉伯帝国有所不同：蒙古帝国不把宗教作为加强帝国统治的手段，而是坚守游牧民族的传统，尊重部落和各地区的传统。在蒙古帝国，伊斯兰教、基督教等一神教和佛教、道教等多神教并存，统治者通过部落的联盟维持霸权。

忽必烈统治欧亚大陆的构想

忽必烈花费25年时间修建了首都大都。大都是一座大城市，周围环绕着35公里的土城墙。据说，在鼎盛时期，大都的人口达100万。蒙古帝国把大都定位为世界的中心，大都正门的南面是干燥地带的草原之路和中国地区的大道路网的起点，把亚欧大陆的其他部分和中国连在一起。

在蒙古帝国的干线道路上，蒙古人还修建了设施完善的驿站，这些驿站由兵部管辖。仅在中国，蒙古帝国就修建了1400个驿站。就这样，中国的道路和覆盖亚欧大陆的四大汗国的道路网实现了互通互联。蒙古帝国不善于统治农民，所以采用在流通领域征税的办法来充盈国库。元朝大约80%的国库收入是从食盐的专卖业务中获得的。盐商要想得到利润丰厚的食盐，必须用银子购买政府发行的盐引。然后商人再用盐引来换食盐。由于食盐专卖是政府的主要财源，所以元朝让盐商大发横财。蒙古帝国从盐商那里获得大量白银，进而将白银流通到伊斯兰世界。可以说蒙古帝国通过盐业专卖制度达到了一石三鸟的效果。

元朝首都北京与海路相连

在蒙古帝国时期，连接印度洋和中国南海的季风航路经台湾海峡延伸到东海、黄海、渤海。位于波斯湾的霍尔木兹海峡小岛上的港口霍尔木兹，以及中国福建省的泉州是当时的中心港口。在海上，中国商人和印度商人活动范围的分界线是印度南部的科伦港。在西面，穆斯林商人利用小型帆船，活跃在印度洋上。在东面，中国商人利用中国式帆船活跃在东南亚和南海海域。

元为了养活大都庞大的人口，必须从江南的鱼米之乡，即杭州等地运来大量大米。另外，还要从印度洋、东南亚运来香料、香木等物。这条航线和运输粮食的航线在大都重合，重合点就在大都中心位置的积水潭（意思是将所有的水源集中在一起形成的湖）。这是一个巨大的港口，在这里奢侈品和粮食交易非常活跃。

东南亚和印度的大量物产运到泉州。这些物产和江南的大米及其他粮食一起通过东海、黄海、渤海的航线运到直沽（今天的天津），再沿着白河逆流而上抵达通州，从通州再顺着大运河通惠河航行 50 公里，来到积水潭。通惠河上每隔 5.5 公里建一个水闸，共建有 14 个水闸。

第二编

海洋霸权
和
大英帝国

第五章
欧洲人发现海洋，进入大航海时代

亚欧大陆是大洋中的"岛屿"

从地球印象的革命到海洋时代

大航海时代开始于 15 世纪中叶，大航海时代的含义，简而言之，就是欧洲人在亚欧大陆的远方发现了广袤的海洋世界，该世界与亚欧大陆干燥地带的特点迥异。那时，人们先是发现了位于西方的大西洋（其面积约是日本海的 78.5 倍），不久人们又在大西洋发现了南北长东西窄的美洲新大陆。进而，人们又发现了太平洋。这样一来，人们就逐渐了解了占地表面积 70% 的海洋。到那时为止，人们还认为干燥地带是"唯一的世界"。而当人们知道了海洋的存在之后，以干燥地带为世界的中心的世界观被颠覆了。在欧洲人中如下认识逐渐普及：亚欧大陆只不过是漂浮在广袤海洋上的一个岛屿而已。这就是"空间革命"或称"地球印象革命"。空间革命一直延续到19世纪下半叶，最终引起了世界框架的大转换，在这个框架中海洋处于核心位置。由于欧洲人重新"发现"了地球，所以开始在世界上占据优势。蒙古帝国灭亡后，在亚欧大陆的干燥地带，依然重复着帝国的兴衰更替，没有发生质的变化。从这一点来看，欧洲人的优势地位也是很明显的。

大航海时代开启之后，人们的世界观发生了巨变，视野不断拓宽，对世界的理解也发生了翻天覆地的变化。今天，由于互联网的发展，出现了虚拟空间，发生了空间革命，迎来了全球重组时代。因此，很多问题仅在日本列岛内部是解决不了的，必须要从全球化的角度看待问题。我们有必要把"空间革命"作为世界史的结构转换来理解。笔者认为当今我们应该学会预测时代发展的趋势，制定蓝图，大胆地实行教育改革。

在蒙古帝国时期，关于中国基本情况的介绍和日本盛产黄金的传说传到西方，并广受瞩目。受此诱惑，哥伦布（1452—1506）不惜冒着生命危险，打算开辟一条从大西洋到中国的航线，以获取财富。以此为契机，欧洲人开启了大航海时代，进入一个全新的时代。自古以来，欧洲人认为大西洋是"神话之海"，是没有利用价值的海洋。大航海时代开始后，欧洲人给大西洋重新定位，认为大西洋是"欧洲和西面的亚洲之间的海域"，也是与亚洲大陆相隔的一片海洋。基于这一认识，世界史开始发生转变。

在之后的半个世纪，欧洲人逐渐搞清了大西洋的大气环流系统和洋流系统。不仅如此，欧洲人还发现了非洲西南端的好望角、南美洲最南端的合恩角。这样一来，大西洋、印度洋、太平洋这三个大洋就连为一体，人类也向海洋时代迈进一大步。由此，各地的湿润地带通过海洋连在一起，和新大陆也连为一体。干燥地带是世界中心的时代一去不复返了。西欧各国穿梭于大西洋、印度洋、太平洋，并向美洲大陆殖民。在此基础上，欧洲各国的势力不断膨胀。在大航海时代，人们逐渐认识到是海洋把各大陆连接起来了，这一认识进一步推动了世界的一体化。从大航海时代到 19 世纪末的 500 年间，由于大洋把大陆连在一起，人们对世界的认识从以亚欧大陆为中心的世界开始向全球规模的世界转换。这就是世界一体化的过程。

源于亚洲的技术助力海洋世界的扩展

海洋世界扩展的前提是航海方法从沿岸航海法向海洋航海法的转换。大航海时代使用的主要航海工具和航海技术都是在蒙古帝国时期从亚洲传到欧洲的，之前欧洲没有自己的技术。此前，欧洲使用的是横帆，后来欧洲人从伊斯兰世界引进了三角帆纵帆。纵帆能够应对风向的变化，即便是在逆风情况下也可以前进。纵帆是在刮季风的海洋上航海过程中发明的，能够应对各种风，性能优良。

　　人们确定船只方位的罗盘针就是在蒙古帝国时代和火药一起从中国传到欧洲的。不久，意大利各城市开始普及印着罗盘针方位的海图。以前的沿岸航海方法必须以陆地的目标物为参照物，有了海图就可以不参照陆地的目标物而航行在大海上。

陆地世界依然如故

帖木儿帝国没有能够再现蒙古帝国的辉煌

在大航海时代以后，欧洲人的世界观发生了变化。而在干燥地带，游牧民族建立的帝国继续兴亡交替。蒙古帝国崩塌后，各地的政权纷纷独立，都野心勃勃地想以游牧民族的军事力量为后盾建立规模庞大的区域性蒙古帝国。帝国的大规模化成为常态，但陆地世界的框架本身并没有发生变化。

在 14 世纪的亚欧大陆，西面的帖木儿帝国（1370—1507）想重建蒙古帝国；东面的明王朝（1368—1644）则想以江南的湿润地带为中心建立一个农耕帝国。帖木儿雄心壮志，很有威望，梦想重建蒙古帝国。但是由于年事已高，无力完成梦想，也就没有发生历史的逆转。在统一伊斯兰世界后，1405 年，帖木儿欲率领 20 万人前去征服明朝。然而，当时帖木儿年事已高，已经连马都上不去了。结果，帖木儿没有能够和明朝的永乐帝（1402—1424 年在位）交战，就撒手人寰。

蒙古帝国是通过传统的手段将各部落连为一体在短时间内建立的，在有威望的统治者去世后就瓦解了。明王朝则是由于下述 4 个原因衰败并灭亡了：

蒙古势力死灰复燃；

明朝实施海禁政策，禁止商人从事对外贸易，重农轻商，但当时欧洲的大航海时代已经来临，明朝的海禁政策逆时代潮流而动；

满族人开始崛起；

明末爆发了农民起义。

陆地世界持续存在的四大帝国

17 世纪，在亚欧大陆的干燥地带存在着奥斯曼、俄罗斯、莫卧儿、清这四大帝国，一直持续到 19 世纪。俄国从金帐汗国的统治中独立出来后，由俄国的彼得大帝（1682—1725 年在位）推动了俄国的欧化进程。那时，俄国居民的 2/3 居住到了注入里海的伏尔加河流域。此后，俄国与欧洲的联系得到进一步加强。与此同时，俄国也实施对外军事扩张的政策。实现这一政策的基础是将哥萨克人变为俄国专用的骑兵部队来源，而游牧民族突厥人的骑兵一直以来都是哥萨克人的核心。也就是说，干燥地带的帝国在规模上有所扩大，但是在结构上依然如故：

第一，在东地中海和西亚地区，奥斯曼帝国（13 世纪末至 1922 年，1453 年征服了拜占庭帝国）不断扩张势力。控制了东地中海地区的商业。受此影响，支撑着文艺复兴的亚洲贸易衰落了。热那亚等地的意大利商人开始移居葡萄牙的里斯本，尝试进行大西洋贸易，为开启大航海时代奠定了基础。

第二，在欧亚大陆北部的森林地带，俄罗斯在军事上利用突厥游牧民哥萨克骑兵，建立了罗曼诺夫王朝（1613—1917）。到了17世纪，为了维持日益枯竭的毛皮资源，征服了面积为日本面积26倍的西伯利亚。之后，俄罗斯利用哥萨克骑兵在中亚、东欧和中国东北进行军事扩张。

第三，帖木儿帝国的末代皇帝被突厥人的一支——乌兹别克族赶出中亚后，从阿富汗进军印度，征服印度后建立了莫卧儿帝国（1526—1857）。在莫卧儿帝国，信仰伊斯兰教的突厥化蒙古人统治着信仰印度教的印度人。

第四，号称第二个成吉思汗的努尔哈赤，建立了后金。在此基础上，女真人和蒙古人联手，征服了中原、西藏、青海、内蒙古等地，建立了清王朝（1644—1911）。

人们了解了大西洋、太平洋的大致情况

葡萄牙在西非探险

葡萄牙是位于伊比利亚半岛的小国，面积仅为日本的1/4，它经过和穆斯林的激烈斗争后，才建立了国家。但让欧洲人认识蓝色海洋大西洋的却是葡萄牙人。

德国的历史学家、哲学家埃伦斯特·卡普把世界史分为河流文明、内海文明、海洋文明三个阶段。其中，葡萄牙便是引领欧洲从内海文明阶段进入海洋文明阶段的主要力量。一开始，葡萄牙的探险活动集中在非洲西岸，但随着探险活动的进展，葡萄牙人得到了意外的收获。迪亚士发现了好望角，意识到大西洋与印度洋是相连的。从这里我们可以发现，让世界史发生转型的未必都是大国。葡萄牙是个小国，人口仅有100多万，而且它和西班牙接壤，边境线长达1200公里。所以葡萄牙只能靠采取政治联姻的方法，防止强国西班牙的侵略。而且，葡萄牙能够开展农业生产的土地仅占其国土面积的7%到8%。为了生存，葡萄牙只能向海洋寻求生路。

促使葡萄牙向大西洋进军的关键人物是航海王子恩里克（1394—1460）。恩里克认为在非洲内陆地区有一个信基督教的国王约翰王。恩里克便打算与约翰王合作，征服摩洛哥的农耕地带。恩里克先是在非洲最南端的厄加勒斯角设立了培养航海家的学校、造船厂、天体观测所，然后又聘请阿拉伯和意大利的船员们，给学员们讲解航海技术和地理知识，把他们培养成航海家。在新时代，培养人才是第一步。

经过上述努力，恩里克获得了丰硕的成果，在奴隶贸易和黄金贸易中获利丰厚，恩里克去世后，葡萄牙将航海事业委托给实力雄厚的商人。1488 年，迪亚士抵达好望角。以此为契机，葡萄牙开拓了前往印度的航线。

创业者哥伦布看到的"幻影"

哥伦布宣称，横渡大西洋，开辟亚洲航线，可以从中找到商机。因此在 1492 年，他得到西班牙女王伊莎贝拉的援助，率领 120 名水手从西班牙的巴罗斯港出发向西航行。哥伦布乘坐旗舰圣玛丽亚号，120 名水手分乘包括圣玛丽亚号在内的 3 艘船。他们先是在加那列群岛等待顺风的到来，然后一行人借着冬季季风航行了约 1 个月，最后抵达位于加勒比海边缘的巴哈马群岛中的瓜纳哈尼岛。

在这一路上，哥伦布认为加勒比海就是中国海；误认为古巴是中国大陆的一部分；断定伊斯帕尼奥拉岛就是日本。很明显，哥伦布的看法是错误的。哥伦布前后共进行了 4 次航海，直到去世哥伦布还一直认为面积为日本海 2.8 倍的加勒比海是中国海。或许这是因为作为探索者，哥伦布不愿意放弃自己打算去中国、日本的梦想。

哥伦布的功绩在于开辟了横渡大西洋的航线，具体情况如下：其一，在非洲海面上的加那列群岛利用冬季风航行至加勒比海，到达新大陆；其二，顺着向北流的墨西哥湾洋流回到欧洲。此后，欧洲人便利用季风和最高时速达 9 公里的墨西哥湾洋流进行航海，加勒比海（面积仅次于地中海的内海）甚至也被认为是欧洲的一部分。之后，西班牙人从西班牙南部的安达卢西亚移民新大陆。一些犹太人为了避免受到迫害，移民新大陆。美洲新大陆变为第二个欧洲。

麦哲伦环游世界

1519 年，西班牙的卡洛斯一世（1515—1556）打算开拓从西班牙到香料产地马六甲群岛（也称香料群岛）的航线。这是因为葡萄牙皇室通过和亚洲开展香料贸易获得了丰厚的利润，而西班牙从新大陆获得的利润没有想象的那么多。

于是，西班牙皇室请求中世纪以来的德国的富豪、金融家富格尔出资，雇用麦哲伦探索前往亚洲的新航线。麦哲伦是葡萄牙航海家，曾经在东南亚进行航海活动。但他在祖国葡萄牙受到冷遇，才向西班牙皇室寻求一个施展自己才能的机会。当时，欧洲把美洲新大陆看作亚洲的一部分，并不认为航海是困难的事情。

1519年8月，麦哲伦率领265人分乘5艘船起航。他们先沿大西洋南下。其间，由于智利海峡（后来被命名为麦哲伦海峡）的洋

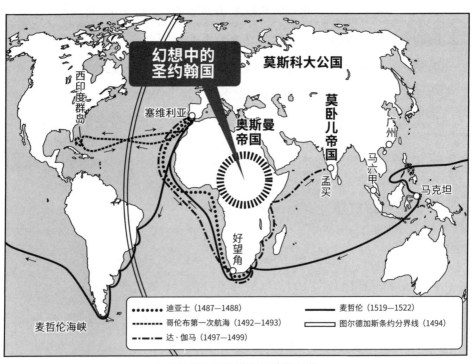

始于葡萄牙的航海和探险的时代

流速度很快，麦哲伦一行非常幸运，仅用一周时间就穿过海峡，来到一片平静的大海。1520 年，麦哲伦把这片大海称作太平洋，意思是和平之海。

太平洋面积很大，约占地表面积的 1/3。麦哲伦一行人航行了 100 多天一直找不到陆地，很多船员因患坏血病而丧生。1521 年，麦哲伦一行途经关岛来到菲律宾群岛，首次证实地球是圆的。之后，麦哲伦在与菲律宾群岛土著人的争斗中丧生。麦哲伦虽然去世了，但却搞清楚了地球的大小、陆地的位置和所占比例，做出了重大贡献。

由于发现大洋而出现的新想法

在前面，笔者一直使用"海洋世界"这个词，严格来讲应该使用"大洋连接大陆的世界"。从哥伦布的航海到麦哲伦环游世界，欧洲人经过一系列航海活动，逐渐意识到地球的表面大部分是海洋，干燥地带只不过是被蓝色海洋环绕着的岛屿而已。以此为开端，世界史发生了巨变。之前人们一直认为亚欧大陆的干燥地带是唯一的世界。但经过一系列的航海活动，人们终于意识到亚欧大陆的干燥地带并非一个完整的世界，而是被海洋包围着的一个小世界。不久，这一认识由哥白尼、牛顿等以物理学的地理观体系化了。就这一点，卡尔·施密特在《从世界史角度考察陆地和海洋》中指出："这一时期，可以用'新世界'这个大胆的词汇来讲这个问题。先是西欧和中欧各民族的意识发生了变化，最后全世界所有人的意识也发生了根本的变化。"也就是说，意识变革才是真正意义上的"空间革命"。

移民扩大了殖民地，海洋产生了资本主义

打着基督教的旗号统治新大陆

西班牙人最初占领的是以伊斯帕尼奥拉岛为中心的加勒比海域。航海回国后，哥伦布从美洲带回了当地的特产辣椒。本来，哥伦布打算把辣椒当作胡椒在欧洲推销。但是，辣椒太辣，根本卖不动。哥伦布还认为伊斯帕尼奥拉岛就是盛产黄金的日本，结果在这里也没有获得足够量的黄金。即便如此，还是不断有人从西班牙的安德卢西亚等地前往加勒比海地区殖民。于是相应地，天花、流感等疾病跟随着西班牙人来到这里，导致土著居民几乎死亡殆尽，劳动力严重不足，西班牙人的殖民事业面临危机。

为了获得劳动力，殖民者开始新大陆探险活动。西班牙人先后发现了位于墨西哥高原的阿兹特克帝国和位于秘鲁的印加帝国，这两个帝国都位于山区。之后，西班牙人用武力征服了这两个帝国，并得到了墨西哥、安第斯地区的大量财富。西班牙国王将墨西哥定为新西班牙的领地，将秘鲁定为秘鲁副王的领地，持续不断

地殖民。

由于殖民活动，美洲新大陆逐渐欧洲化。为进一步殖民，殖民者向原住民宣读了西班牙国王的布告："土地归西班牙国王所有，西班牙国王以原住民信仰天主教为条件，将土地和原住民的统治权委托给了殖民者。"之后，殖民者不经原住民的同意，单方面强行按照布告内容实施。由此可见，西班牙殖民者打着传播基督教的旗号将殖民活动和武力征服正当化了。荷兰人、英国人来到美洲大陆的时间比西班牙人晚了一步。不过，荷兰人和英国人没有打着传播基督教传教的旗号，而是打着传播欧洲文明的旗号进行征服和殖民，但实际上仍是继承了西班牙人的做法，换汤不换药，都是为了将欧洲人的殖民活动正当化。

在西班牙人征服美洲新大陆之前不久，美洲新大陆的人口估计在 8000 万以上。而当时西班牙和葡萄牙的人口合起来也不足800 万，全欧洲的人口才 6000 万。新大陆人口比欧洲的人口还要多。然而，新大陆的原住民不了解世界形势，对西班牙人、马匹、火枪等感到莫名的恐惧。西班牙人带来的天花、流感等也使新大陆的原住民人口锐减。正是由于以上因素，西班牙人得以在短时间内征服了美洲新大陆。

白糖培育了资本主义经济

海洋这个空间只有通过开展商业才能产生财富。和寒冷的欧洲不同，欧洲人最初登上新大陆的地方属于温暖的亚热带气候区，因此殖民者开始在新大陆经营大型的种植园，获利丰厚。亚热带、热带的产品在欧洲可以卖上好价钱。殖民者通过海洋运输筹集劳动力，低成本地大量生产商品，在欧洲市场上高价出售。这就是资本主义的雏形。就大西洋的代表性商品作物而言，16 世纪至 17 世纪是白糖，18 世纪是棉花。殖民者从其他地区获得廉价的劳动力，在新大陆经营种植园，支撑起了欧洲城市的发展。这就是资本主义经济运行模式。这一模式构成了当今世界的经济发展的框架。

16 世纪，巴西开始种植甘蔗，17 世纪至 18 世纪加勒比海诸群岛开始种植甘蔗。甘蔗这种作物在收割后，蓄积糖分的部分就会凝固，甜味随之急剧下降。因此收获之后，应立刻熬成糖。因此，种植园一般都附设有简单的制糖工厂。正是这些工作，要求甘蔗收割时和制糖生产时大量使用黑人奴隶。

甘蔗可以在一年中的不同时期种植，一整年都有甘蔗收割。因此，保障有足够的劳动力十分重要。估计从 16 世纪到 19 世纪，从非洲运往巴西和加勒比海的黑人奴隶的数量达 1500 万以上。

廉价的墨西哥白银在陆地世界流通

1545 年，玻利维亚发现了波托西银矿。接着，墨西哥的萨卡特卡斯也发现了银矿，大量的白银被开采出来。在采掘和加工白银的过程中，殖民者强制原住民劳动，用混汞法提炼白银。因此，白银的开采和冶炼成本都很低。

16 世纪至 17 世纪上半叶，西班牙每年从新大陆经大西洋把大量的白银运到旧大陆（即欧洲等地），其产量足足是欧洲的六七倍。欧洲得到了大量廉价的白银，与因白银匮乏而烦恼的亚洲大陆相比，占据完全优势。据说，从 1503 年至 1660 年，约有 15000 吨白银在墨西哥加工成银圆（即墨西哥银圆或者西班牙银圆），运往西班牙。这些银圆 40% 成为西班牙王室的收入，剩下的 60% 经日内瓦商人等行商之手运往欧洲各地。当时，天主教国家和新教国家之间的宗教战争正如火如荼。所以，从新大陆运到西班牙的大部分白银被用于支付雇佣军的工资，白银因而分散到欧洲各地。西班牙是在与伊斯兰世界的宗教战争中建国的，而今又成为天主教国家的核心力量。可以说，从新大陆流入欧洲的大量白银使得宗教战争长期化和大规模化。大量的廉价白银从新大陆流入欧洲，导致欧洲的白银价格暴跌。16 世纪至 17 世纪上半叶，物价更是上涨了三四倍，这一过程被现代人称为价格革命。正是由于长期的通货膨胀，欧洲经济发展越来越快。

从海路也能到亚洲

葡萄牙人为了找到胡椒来到亚洲

　　亚欧大陆的干燥地带有强大的帝国阻隔着道路，欧洲人不能通过陆路到达遥远的亚洲。到了大航海时代，欧洲人为了获得亚洲的香料、棉布、丝绸等商品，走海路来到印度、东南亚、东亚。其中，最先走海路来到亚洲的是葡萄牙人。为了从亚洲获得香料，1497 年，葡萄牙国王曼努埃尔一世（1495—1521 年在位）派达·伽马率船队到印度。船队由规模不大的 4 艘船和约 170 人的乘组人员组成。达·伽马绕过好望角之后，沿着非洲东部沿岸的伊斯兰贸易区摸索北上。在肯尼亚港，达·伽马一行雇了穆斯林向导，乘着季风于 1498 年到达印度西岸的加尔各答。达·伽马的这次航海活动花了两年零两个月的时间，乘组人员中有 100 多人丧生，可以说比哥伦布的航海还要困难，但是达·伽马从印度的加尔各答带回了胡椒，其价格仅为欧洲市场的 1/60，给葡萄牙皇室带来了丰厚的利润。葡萄牙国王尝到甜头后自称"印度洋之

墨西哥银圆

这两枚墨西哥银圆（或称西班牙银圆）制于 1768 年，

由波托西银矿开采出的白银铸造而成

王 ”，把胡椒贸易作为葡萄牙王室的事业来推进。此后，葡萄牙
王室每年只派出两艘船前往印度。这是因为欧洲的胡椒市场规模
很小，葡萄牙王室为了维持胡椒的价格，限制了每次派往印度的
船只数量。

胡椒在欧洲很受欢迎。究其原因，是因为欧洲的森林盛产橡
子，欧洲人可以用橡子做饲料在森林中养猪。而杀掉猪之后，如果
能给猪肉涂上胡椒粉，便可以消除猪肉因放置时间稍久而产生的
异味。所以，香料便成为欧洲人食用猪肉不可或缺的作料。

在亚洲，干燥地带是政治统治的中心，而湿润地带的政治统治力量薄弱。因此，小国葡萄牙可以利用大炮和火枪侵占这里。葡萄牙模仿威尼斯统治地中海的做法，在果阿、马六甲等战略要地构筑要塞、设立商馆，以管理印度洋、东南亚的货物贸易。但是，葡萄牙人口仅有 100 万，在印度洋周围设立大量军事据点，动用大量军舰统治广袤的海域是很困难的。尽管如此，葡萄牙还是为欧洲人走海路入侵亚洲奠定了基础。葡萄牙称霸的时代维持了很短的一段时间，海运大国荷兰从葡萄牙手中夺走了印度洋、东南亚的香料贸易支配权。1623 年，英国与荷兰在香料群岛发生冲突（安伯伊纳事件），英国战败，放弃东南亚，只好将扩张的矛头瞄准印度。

西班牙入侵菲律宾和白银贸易

新大陆出产白银的 1/3 是从墨西哥的阿卡布尔克港横渡太平洋运往西班牙的殖民地菲律宾马尼拉的。这是为什么呢？原来，当时明朝实施海禁政策，禁止民间商人从事对外贸易。西班牙人便在马尼拉用白银购买明朝商人走私到这里的丝绸、瓷器。来自新大陆的白银价格约是东亚白银价格的 1/3，因此交易对西班牙人和明朝走私商人都很有利。

大量的墨西哥白银流入东亚，使得明朝的走私贸易和日本的朱印船贸易活跃起来。明朝称墨西哥白银为"银圆"。西班牙帆船装载着在马尼拉购买的中国商品，利用黑潮，沿日本海岸北上，在三陆海面乘着偏西风回到阿卡布尔克，史称马尼拉·加列温贸易。运到墨西哥的丝绸、瓷器等商品则横渡大西洋，向西抵达欧洲。这时的西班牙，一面与葡萄牙对抗，一面致力于开拓海运网络。

第六章
在小国荷兰、英国主导下向海洋世界转型

从寒冷的海洋掀起的世界重组大潮

荷兰人、英国人是北欧海盗的后裔

由于欧洲人支配着大西洋和新大陆，在全球范围内，世界秩序实现了重组。这是分两个阶段进行的：

第一阶段是大航海时代，葡萄牙和西班牙起了主导作用；

第二阶段是 17 世纪以后北欧海盗的后裔荷兰人、英国人活跃的时期；西班牙宗教情怀浓厚，没有能开拓新的时代。

在 15 世纪和 16 世纪，海洋世界不断拓展，西班牙把天主教势力的扩张看作是神的意志。西班牙按照这一逻辑，不断在新大陆建立殖民地。但是，海洋世界从真正意义上对陆地世界进行重组

则要到 17 世纪以后。在这一过程中起主导作用的是居住在北海、波罗的海的北欧海盗后裔——荷兰人和英国人。北海、波罗的海地区天气寒冷，物资匮乏，长期以来生活在这里的人们生活困苦。荷兰人、英国人通过宗教改革，摆脱了教皇、神圣罗马帝国皇帝的控制，建立起新教国家。他们大力发展海运，将海洋世界的主导权从西班牙手里夺了过来。

英国与荷兰都濒临北海，阿姆斯特丹到伦敦的距离与东京到大阪的距离大致相同，一天就能到达。16 世纪至 17 世纪两国都是靠打败西班牙才出人头地的。荷兰经过 80 年断断续续的独立战争（1568—1648），才从西班牙独立出来。而英国是在 1588 年与西班牙的战争中获胜，才从西班牙手中夺取了大西洋的霸权。

这以后，英国为了和掌握欧洲大陆霸权的法国争夺北美殖民地，又断断续续进行了 80 年的战争。接着，英国灭亡或者削弱了亚洲的各帝国，最终于 19 世纪后半期，通过海洋统治了世界 1/4 的领土，建立起霸权国家。英国通过上述一系列行动雄辩地证明，只要通过海上力量掌握了占地球表面积 70% 的海洋的霸权，就能掌握比亚欧大陆干燥地带的帝国还要强大的霸权。英国在积极向海外扩张过程中，建立起民族国家、议会、资本主义经济，对外大力扩张殖民地、自治领，开展自由贸易，发行国债和纸币。可见，英国在近代独领风骚。

寒冷让北欧海盗走上掠夺、殖民之路

与地中海相比，人们对荷兰和英国濒临的北海以及北海北面的波罗的海知之甚少。下面笔者就对北海及波罗的海的情况进行简述。从北欧到俄罗斯的西伯利亚，寒冷地带（亚寒带）呈带状分布。在寒冷地带，最冷月份的平均气温不到零下 30 摄氏度，最温

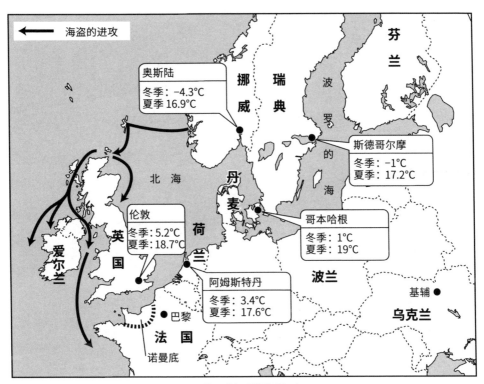

北海、波罗的海地区

暖的月份的平均气温在10摄氏度以上。濒临波罗的海的城市（斯德哥尔摩、奥斯陆、哥本哈根）、濒临北海的城市（阿姆斯特丹、伦敦）的冬季和夏季的气温如上一页图所示。

北欧海盗活跃的波罗的海、北海的夏季平均气温大致与日本北海道的钏路、稚内相同；冬季，波罗的海和北海受墨西哥湾暖流和偏西风气压的共同影响，要比北海道的钏路、稚内温暖得多。也就是说，波罗的海、北海冬天的气温和日本的青森、岩手等大致相同，夏天的气温大致和日本北海道钏路、稚内的气温大致相同。北欧尽管处于高纬度地区，但这里的人们依然从事农业和渔业。但因北欧的气候条件原因，北欧地区的麦子产量很低，人们只能依靠海上贸易维持生计。正因如此，北欧人还进行掠夺和殖民活动。在北海和波罗的海，寒冷成为对外扩张的原动力。

英国的根在北海

北欧海盗住在波罗的海和北海的周边。因为住在欧洲北部，也被称作诺曼人。在历史上，有一个术语叫中世纪温暖期，指的是800年至1300年，北欧处于温暖期的时候。北欧海盗的扩张开始于9世纪。在伊斯兰世界，俄罗斯的毛皮成为有代表性的奢侈品。于是，住在波罗的海最里面的瑞典海盗开拓了毛皮之路。不久，海盗们在位于森林和草原交界处的乌克兰设立据点，建立了基辅公国（9世纪至13世纪）。基辅公国就是俄罗斯的起源。

　　9世纪中叶，挪威海盗在北海沿岸的各河流沿岸进行掠夺，十分猖獗。西法兰克国王对此束手无策，最终决定将塞纳河下游的土地赐给海盗首领（这就是诺曼底公国）。这是因为，在北海周围，各种海盗势力争斗不已，形势十分复杂。西法兰克国王这样做的目的是通过绥靖政策加强巴黎的防卫。与此同时，诺曼底公国的海盗首领征服了英国，建立起了诺曼王朝（1066—1154）。等于是英、法两国的命运被连在了一起。这一状况一直持续到英法百年战争（1337—1453），经过英法百年战争，英法两国以英吉利海峡为界划分边界。由此可见，英国的根在北海。

　　被诺曼人征服的原住民盎格鲁-撒克逊人大体而言都是海盗。因此，可以说英国是海盗的后裔。英格兰吞并了威尔士、苏格兰、爱尔兰之后，建立了联合王国。9世纪以后，海盗在格陵兰、纽芬兰岛殖民。但是，这属于海盗的自然扩张，并不属于改变地理认识的空间革命。总的来说，9世纪是海盗的扩张时期。

荷兰因鲱鱼而成为海上马车夫

"地球是上帝创造的，而荷兰是人创造的"

荷兰的乞丐游击队、英国的清教徒、法国的胡格诺派教徒等属于新教徒，更是开拓海洋世界的主力。由于宗教改革兴起，北欧诸国纷纷举起新教的旗帜，脱离了南欧的教皇的控制。虽同样是新教，但路德派和加尔文派互相憎恨，势不两立。路德派比较保守，对商业行为和借钱生利的行为采取了零容忍的态度。相比之下，加尔文派在对利息进行限定的基础上允许放贷生利。他们还信奉预定救赎学说，即认为人在死后会不会得到上帝的救赎，是被预先决定了的。在此基础上，他们允许通过航海活动追求财富，因此在大西洋进行航海活动的很多人是加尔文派教徒。荷兰的面积和日本的九州大体相同，是个小国。荷兰国土面积的 1/4 位于海平面下，维持国土相当不易。荷兰人民在艰苦的环境下，养成了与困难作斗争的不屈不挠精神。荷兰有句话很有名："地球是上帝创造的，而荷兰是人创造的。"

荷兰的海运业始于捕鲸和鲱鱼捕捞

17世纪，荷兰人建立了运输系统，运送粮食、木材等只用其他国家一半的运费。荷兰人能够做到这一点，是因为实现了船舶的大规模生产。当时荷兰的船舶年产量达200多艘，比欧洲其他国家产量总和还多。而且，荷兰人实现了造船工序的标准化，通过使用材料制造机和吊车提高了造船效率。

17世纪末，荷兰船的价格是英国船价格的50%—60%。说起来，荷兰的造船业如此发达，与荷兰渔民向大海的狂风大浪挑战的精神关系密切。正是荷兰人，发现斯堪的纳维亚半岛的北面是北极鲸的渔场，于是荷兰的捕鲸者迅速占领并垄断了欧洲的鲸鱼油市场。荷兰人从捕鲸中获取的利润超过了与亚洲进行香料贸易获得的利润。过去，濒临波罗的海的德国城市吕贝克曾大量加工腌制鲱鱼。但17世纪后，以前集中到波罗的海产卵的鲱鱼不去波罗的海产卵了，于是德国吕贝克的鲱鱼腌制业便衰退了。荷兰人抓住这个良机，每年1月至3月，在北海捕获大量的鲱鱼用盐或醋腌制之后运往欧洲各地。

按照基督教的习俗，为了纪念基督在十字架上受难而死，从复活节前的第40天开始，进入四旬节，禁止吃肉。在这40天中，全欧都只能靠吃鲱鱼来获得蛋白质，因此鲱鱼的销量很高。1620年，荷兰有2000条渔船从事鲱鱼捕捞。阿姆斯特丹的市民说，"阿姆斯特丹是用鲱鱼刺建起来的"，由此可见，荷兰是靠鲱鱼发家的。腌制鲱鱼，需要优质食盐。起初，荷兰从葡萄牙的盐田进口食盐。到了 16 世纪末，葡萄牙的盐田资源枯竭，荷兰人只得到加勒比海寻找食盐。于是，荷兰人创建了荷兰西印度公司。

另外，荷兰粮食匮乏，需要从波罗的海南岸进口粮食。荷兰人从波罗的海南岸购入粮食后，又销售到地中海地区。由此阿姆斯特丹成为粮食的集散地，获取了丰厚利润。粮食贸易成为荷兰最赚钱的生意。荷兰的城市发展了起来，1622 年，荷兰居民的 60% 居住在城市，其中的 3/4 居住在人口在 1 万以上的城市。在城市发展的同时，荷兰的海运业越来越发达。

荷兰东印度公司进军亚洲

在大航海时代，各国都开拓了多条航线。以海运立国的荷兰人则把这些"线"转换成了"面"。其主力军是荷兰东印度公司，它是商人们将各航运公司合并而成的。1595 年，荷兰人绕过好望角，参与到亚洲的香料贸易之中。1602 年，荷兰设立东印度公司。不久，该公司便拥有了 1 万至 1.2 万人的陆军和 40 艘至 60 艘军舰。由此，荷兰东印度公司这个庞大的组织，垄断了亚洲的海运业。1619 年，荷兰人在爪哇岛修筑了雅加达城，作为荷兰东印度公司的据点。

之后，荷兰人为了在加勒比海获得食盐，腌制鲱鱼，开始进军大西洋。为此，荷兰人设立了荷兰西印度公司。当时，西班牙国王兼任葡萄牙国王。荷兰从葡萄牙手中夺取了亚洲的贸易权。在较短的时间内，荷兰占领了爪哇、苏门答腊、香料群岛、斯里兰卡等地。荷兰的各个城市的经济是靠海运业支撑的。荷兰人还插手东亚的贸易，他们于1600年在平户、长崎修建商馆，用中国的生丝和日本廉价的白银进行交易，获利颇丰。

葡萄牙人往来于澳门、平户、长崎之间，开展贸易活动。西班牙人则往来于马尼拉和福建诸港口之间，开展贸易活动。为了切断葡萄牙、西班牙的贸易航线，确立在政治上、经济上的优势地位，荷兰开始致力于对台湾海峡的控制。1624年，荷兰人攻克台湾南部，修建了热兰遮城，进而控制了台湾海峡。之后，荷兰东印度公司不理会明朝的海禁政策，从明朝的走私商人那里购得生丝，出口日本，获利颇丰。

荷兰以公海为武器削弱葡萄牙、西班牙的力量

相比起干燥地区规模庞大的帝国，海洋国家主要是靠海运、贸易、殖民活动发展起来的，所以即便本国是小国也能成为海洋大国。反过来讲，正因为是小国，如果不利用占地表面积七成的海洋，是无法实现经济增长的。如伊丽莎白一世（1558—1603年在位）使英国转型成为海洋国家便是如此。为伊丽莎白效力的沃特·罗利曾说："控制海洋的国家就可以垄断贸易，垄断贸易的国家就可以称霸世界。"这句话和前面所说的是一个意思。

荷兰在商船数量方面占绝对优势。但是，葡萄牙、西班牙先于荷兰垄断了海洋世界。荷兰要进军大西洋、印度洋，必须终止葡萄牙、西班牙对海洋世界的垄断地位。之前，葡萄牙和西班牙已经利用教皇的权威瓜分了海洋世界，即 1494 年葡萄牙和西班牙在大西洋签订的《托德西拉斯条约》。之后的 1529 年，葡萄牙和西班牙在亚洲又私下签订《萨拉戈萨条约》，重划势力范围。葡萄牙和西班牙通过这两个条约划定了各自的大西洋到亚洲的势力范围，阻止其他国家的船只进行航海和贸易。

1609 年，荷兰的法学家格劳修斯的杂志《海洋自由论》创刊，他以罗马法为根据，主张任何国家在公海上航行是自由的。格劳修斯认为公海是公共财产，打算以此为根据维护荷兰的国家利益。

之后，荷兰和英国都主张为了扩大贸易和保障公海的安全，掌握霸权是必要的。要将海洋和各大陆连接在一起的话，公海这一概念更是必不可少的。到了 19 世纪，公海这一概念成为世界各国的共识，公海意味着世界各国的公共空间。人们把从陆地开炮所能到达的水域定义为领海，这样一来，海洋的大部分是公海。英国认为维持这一海洋秩序是霸权国家（英国）的责任和义务。

荷兰为何轻易将霸权让给英国

如上所述，荷兰是欧洲最大的船舶制造国、海运国。它主要从事粮食贸易，将波罗的海地区产的粮食卖给干燥的地中海地区，赚取巨额利润。以此为基础，荷兰垄断了欧洲境内的贸易。在亚洲，荷兰驱逐葡萄牙，垄断了东南亚的香料贸易。荷兰还垄断了和白银产量较大的日本的贸易。设在阿姆斯特丹的商品交易所成为欧洲的经济中心，荷兰法定货币荷兰盾是当时世界贸易结算时使用的通用货币。在这之前，荷兰在与西班牙进行独立战争期间，曾通过发行国债来筹措战争经费，这令荷兰成为有名的战争国家和重税国家。正因如此，在 17 世纪上半叶，荷兰的经济发展达到顶点。所以，有的学者主张 17 世纪是荷兰称霸世界的时期，19 世纪是英国称霸世界的时期，20 世纪是美国称霸世界的时期。但是，一般认为荷兰仅具有维护霸权的军事能力，并没有掌握霸权。

荷兰的经济规模小，在政治上采用了联邦制，比较松散、脆弱。荷兰更致命的弱点是保护商船的海军力量薄弱。之所以荷兰的海军力量薄弱，是因为荷兰的财政能力无法承受军事开支的负担。英国海军是国家力量的根基，装备精良。而荷兰与英国不同，在发生战争时，荷兰将商船武装起来支援荷兰海军。荷兰从西班牙独立后，仅过了 3 年就与英国打了三次英荷战争（1652—1674）。荷兰战败，承认了英国的海洋霸权地位。由于荷兰采用了联邦制，没有中央政府，欧洲各地的商人又云集于此，荷兰并不执着于取得霸权。之后，荷兰商人专心做生意，在英国投资，助力英国成长为霸权国家。如果没有荷兰人的话，欧洲资本主义的历史完全将是另外一番情形。

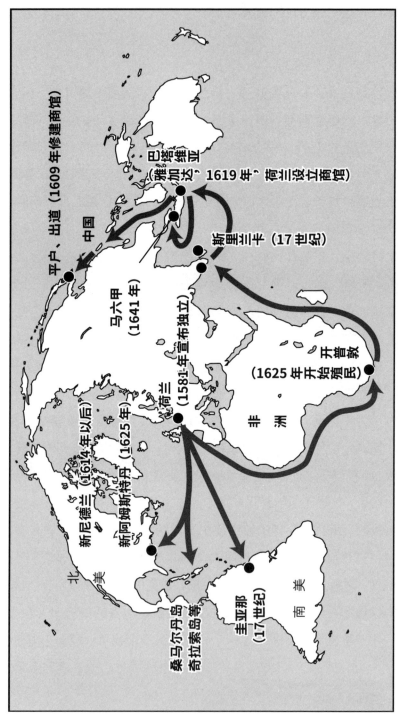

荷兰的扩张（17 世纪）

英国是如何取代荷兰的

英国与荷兰不同，积极投资海军

英国的正式名称是大不列颠及北爱尔兰联合王国，由英格兰和被其征服的威尔士、苏格兰、北爱尔兰组成。因它是个联邦国家，统治起来较为困难。英国位于高纬度地区，农业生产不发达，所以只能依靠放羊、海上贸易和海盗活动维持生计。换句话说，英国是个小国，只能在海上寻求出路。因此，英国不断和西班牙、荷兰、法国进行战争，向海外扩张势力。到了近代，克伦威尔在清教徒革命中掌握了政权，开始向大西洋发展。光荣革命后，英国与荷兰联手，加强了海军力量，随后便和法国在北非进行了长达100年的殖民战争。英国能够做到这一点，是因为在光荣革命中议会掌握了主权。英国政府为偿还发行的国债，需要课税，英国议会批准了英国政府的课税请求。这一措施提高了英国国债的信用。从光荣革命到拿破仑没落的约125年间，英国的征税额增加了15倍。不过，英国皇家海军通过发行国债来维持军费，这成为英国获得霸权的原动力。

英国政府通过发行巨额国债，筹措了大量军费，建成军事大国。下一个霸权国家美国继承了英国的这一做法。尽管英国的财政总是赤字，但是伦敦的金融界一直支持英国财政。一直到第一次世界大战前，伦敦金融界一直持续对英国皇家海军进行巨额投资，令英国得以维持海洋霸权。

为了保持霸权，英国海军一直维持着可以同时击败两个主要敌国的舰队的实力。这就是海军力量"双强标准"主义。英国掌握了欧洲近海、大西洋和亚洲的制海权。可是英国国内资源匮乏，要依靠扩充海军力量维持霸权，英国国民必须做好负担重税的心理准备。另外，宫廷犹太人是制定英国金融政策的专家，荷兰人也积极投资英国皇家海军。正是这两股力量维持了英国的霸权。

英国通过战争夺取了西班牙的霸权

1588年，在格拉沃利讷战争中，英国打败了西班牙的无敌舰队。这是英国成为海洋帝国的起点。英国从西班牙手中夺取了海洋霸权后，在英荷战争中打败了荷兰。光荣革命后，英国进一步加强了海军的力量。最终，英国继承了大航海时代的遗产，成为唯一的海洋霸权国家。

英国继承了海盗的基因，这一点与荷兰有所不同。英国国王公然允许海盗行为，赋予海盗船袭击敌国船只的权力。海盗在加勒比海域从事奴隶贸易，袭击外国商船，获利丰厚。英国就这样一步步瓦解并削弱了霸权国家西班牙的国力。其背景是新教国家在这方面形成了默契。英国的清教徒、荷兰的乞丐游击队、法国的胡格诺派等认为海盗行为是天主教和新教之间的战争，就是说把海盗行为合法化的同时，通过海盗行为挑战西班牙的霸权。新教国家在欧洲周围比较守规矩，尽量克制着海盗行为，而在新大陆的近海地区则一反常态地大肆地袭击西班牙的船只。在加勒比海域，由于西班牙殖民者带来的天花肆虐，原住民几乎灭绝，盘踞在牙买加岛的海盗们便和英、荷、法等国的海盗联手频繁袭击西班牙船只。从此，西班牙再也不能无视英国的敌对行为了。1588 年，西班牙将无敌舰队派往英吉利海峡，征讨英国。这支无敌舰队由军舰 130 艘、海员 1 万人、陆军 1.9 万人组成。英国舰队迎头痛击西班牙的无敌舰队，在英吉利海峡打败了西班牙的无敌舰队。

结果，岛国英国取代西班牙掌握了海上霸权。英国掌握了大西洋的支配权。从 1610 年至 1650 年的 40 年间，英国的贸易额增至原来的 10 倍。荷兰海运业发达，有"海上马车夫"之称，但英国还是利用军事力量击败了荷兰。

大西洋三角贸易迎来鼎盛时期

白糖贸易和奴隶贸易规模越来越大

如前文所述，加勒比海域的原住民几乎被殖民者消灭干净了，这里成为信仰新教的海盗们的巢穴，加勒比海盗进入全盛时期。到了 17 世纪下半叶，加勒比海的各个岛屿取代巴西，开始大量种植甘蔗。18 世纪，牙买加岛成为世界最大的甘蔗产地。英国将白糖、奴隶与欧洲的毛纺织品等欧洲物产结合在一起，构筑了大西洋三角贸易。很快，大西洋三角贸易也进入了全盛时期。

干燥地带的农业经营方式是向农民征税，之后进行再分配。但甘蔗种植园的经营方式与此不同，其性质属于商业式农业，是以往来花费很长时间的大西洋为中介的。欧洲人移居新大陆，经营大型农场，用甘蔗大量生产白糖。之后种植园主将白糖在欧洲市场销售，获取丰厚的利润。

白糖很甜，很受消费者青睐，一度供不应求，这造成巴西和西印度群岛需要大量的劳动力来种植甘蔗，但原住民因为天花等

疾病死亡殆尽，劳动力匮乏。于是商人通过奴隶贸易，将黑人奴隶
贩运到这里，在种植园从事劳动。为了经营种植园，种植园主必须
购买黑人奴隶、黑人奴隶的口粮、农场设施、农具、加工白糖的工
厂、风车等生产资料，然后才能生产出白糖。

　　在亚热带，甘蔗成熟需要一年半的时间。因此，种植园主如果
合理安排甘蔗的种植时间，就能够持续性地收获甘蔗。不过，甘蔗

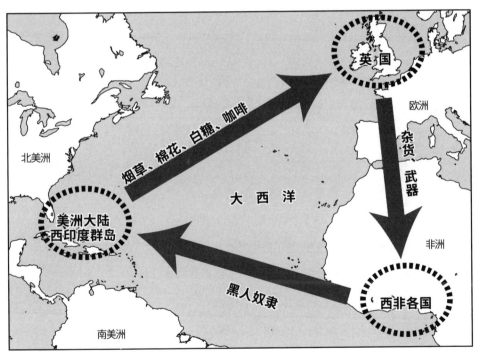

大西洋三角贸易（为方便阅读，大西洋的东西距离被缩短了）

在收获后不久甜味就会下降，必须尽快加工成白糖。因此，需要大量的黑人奴隶去做这些工作。

18世纪，英国的奴隶商人引进了大量运输方式，降低了交易成本，垄断了奴隶贸易。英国奴隶贩子以每人2英镑至3英镑的价格买进奴隶，再以每人25英镑至30英镑的价格卖给种植园主，简单计算一下可以看出获利10倍。那时，英国的利物浦港、法国的南特港等都是奴隶贸易的中心。

为了卖白糖而卖咖啡

新大陆生产了大量的白糖，白糖大量流入欧洲市场。白糖本来属于奢侈品，而今已成为大众化的调味品，这就是白糖革命。由于这个原因，英国的白糖消费量剧增，白糖开始出现在百姓的餐桌上。这样一来，有必要进一步增加白糖的消费量。在这种情况下，为了维持和增加白糖的消费量，欧洲人开始从也门的摩卡港进口咖啡。咖啡本来是伊斯兰世界的饮品，这时也开始被欧洲人接受。欧洲随之也出现了咖啡馆，人们把这里作为社交的场所，非常流行。咖啡和咖啡馆在欧洲普及后的17世纪伦敦，咖啡馆有3000多家。

荷兰商人和英国人竞相进口咖啡，获取高额利润。荷兰人在爪哇岛栽培咖啡取得成功，在与英国人的竞争中获胜。英国东印度公司遂放弃了咖啡生意，转而开始从中国进口红茶。白糖配着咖啡、红茶来饮用，产生了新的嗜好和文化。白糖、咖啡、红茶开始出现在欧洲的餐桌上，并成为连接美洲、亚洲、欧洲这几大商贸区的标志性商品。

第七章
工业革命和信息革命为英国的霸权打下了基础

机械制造的棉布让陆地世界的经济崩溃了

棉布的变革

海洋世界的发展促进了工业化的发展。为了将广阔的海洋形成网络，将各大陆、各地区连接在一起以扩大海运业和贸易，必须充分利用科学、技术和工业将来自海洋交易的利润最大化。为此，需要摸索、构筑一种经济机制。

在 18 世纪 60 年代，英国发生工业革命。工业革命的贡献如下：

出现了新的动力——蒸汽机；

建立了机械和工厂制度，有助于高效大量地生产；

出现了生产工业产品的工业化城市；

通过扩大铁路和蒸汽轮船的运输网，推进向海洋世界的转型，为英国的霸权奠定了经济基础；

工业革命巩固了资源匮乏的欧洲的经济基础，使欧洲成为世界的中心。

那么，工业革命是如何发生的呢？原来，发生工业革命的契机是印度产的棉布。印度产的棉布廉价，可以染成各种颜色，且吸收性好、结实耐用，在英国很受欢迎。但也令英国的毛纺织行业因此受到重创。毛纺织行业联合会便向英国议会呼吁制定法律，禁止进口和使用印度棉布。结果，英国国内的棉花商把麻混入棉花里织布，维持利润。然而，廉价的棉麻混合布只能在英国国内生产。具有讽刺意义的是，由于毛纺织业者的抗议，棉布生产反而在英国扎下了根。

当时正值由白糖、奴隶贸易、毛纺织品构成的大西洋三角贸易鼎盛时期。随着白糖、奴隶贸易规模的扩大，从英国进口的毛纺织品供不应求。结果，棉布弥补了这部分供应缺口。大量的棉布出口到西非、加勒比海域。1750 年至 1770 年，英国出口到大西洋地区的棉布的数量激增至约 10 倍。

拯救劳动力不足的棉花行业

这样一来，英国的棉纺织业虽然繁荣，但棉花纺线工艺依然是手工作业。于是，棉纺织商人便开始悬赏招募能够发明提高纺线效率的工具、机械。1767 年，纺织工哈格里·伍兹发明了手动的珍妮纺织机，可以大量生产棉纱，但是不结实、容易断。1769 年，假发行业的阿克莱特又发明了水力纺织机，该纺织机借助水车的力量，纺出了又细又韧性强的棉纱。这种水力纺织机将多个工序综合在一起，实现了自动化生产，是真正意义上的纺织机。最初，利用附近的铅矿中排出来的地下水运动水车做动力，但是没有大的落差的话，水车不会转起来，非常不方便。如果要在港湾城市设立工厂，有必要开发出新的动力。于是，烧煤的蒸汽机应运而生。

英国的寒冷气候是发生工业革命的原动力

英国气候寒冷，人们一般会使用煤炭御寒，所以英国煤炭需求很高。恰好，煤炭也是蒸汽机的主要燃料。本来，气候寒冷是不利条件。但是，对英国的工业革命来说反而成为有利条件，不能不说这实属幸运。由此可见，地理条件对社会变革起到了重要作用。

英国的冬季非常寒冷，为了取暖需要木炭。于是，人们砍伐森林，烧制木炭。即便如此，木炭仍供不应求。在寒冷的冬季，对英国人来说，燃料比小麦还要重要。不过，大自然的造化是很神奇的，树木倒下后，虽然被埋到地下，可由于气候寒冷，不易腐烂，碳化形成大量的煤炭。但是，煤炭采掘出来之后，地下水会灌入坑道，排水又成了一个很大的难题。1712 年，纽科门发明了用于排水的大型蒸汽机，把用锅炉烧的水蒸气送入气缸，将活塞推上去，喷射冷水，蒸气用完会再将活塞压下去。由此可见，寒冷的气候和木炭供不应求促进了蒸汽机的发明。

为了大量生产棉布，需要有替代人力、水车、转动机械的新动力。值此之际，需要对纽科门的简单、低效的蒸汽机进行改良，使之小型化，成为运转机器的动力。而完成这项工作的是瓦特。1782 年，瓦特提高了蒸汽机的效率，使之成为取代水车的动力蒸汽机。

随后，蒸汽机的发明引发了一系列连锁反应。首先就是，人们可以通过机械进行棉布生产了。1784 年，卡特莱特发明了以蒸汽机为动力的织布机，1785 年，发明了缪尔纺织机，能够纺出大量纤细而优质的棉纱。以蒸汽机为动力的机械使得纺纱工序、织布工序实现了自动化。这就是工业革命。

英国人以加勒比海地区的种植园生产的廉价棉花为原料，通过机械大量生产棉布，令棉布成为大西洋贸易的主要商品。19 世纪 20 年代以后，英国大量出口机械生产的棉布，使得印度的棉纺织业遭到毁灭性打击。印度沦为英国的棉布销售市场。机械大量生产的棉布价格低廉，陆地世界的经济崩溃了。

铁路、蒸汽轮船、电信改变了世界面貌

铁路改变了陆地世界的面貌

煤炭很重，运输困难，成为工业革命时期的一大难题。而且，煤矿位于英格兰东北部的纽卡斯尔，远离工业地带。因此，为了实现煤炭的廉价运输，必须修建铁路。这一时期，斯蒂芬孙为铁路的实用化做出了重大贡献。1825 年，斯蒂芬孙制造的旅行者号机车牵引着 35 节客车车厢以时速 18 公里的速度行驶在达灵顿和斯托克顿之间，全长 45 公里，试车成功。1830 年，在棉花进口港利物浦和棉纺织工业城市曼彻斯特之间，开通了世界上第一条实用性铁路，全长 45 公里，时速为 40 公里。

铁路高速稳定，运输量大，减轻了运费负担，很快就得到普及。为了修建铁路，铺设铁轨，制造列车，修建车站、铁道桥、隧道是必不可少的。因此，铁路建设涉及的行业很多，成为牵引经济发展的主要动力。铁路从英国逐渐普及到德国、法国等欧洲大陆各国以及美国，欧洲兴起了铁路建设的热潮。铁路建设成为扩展

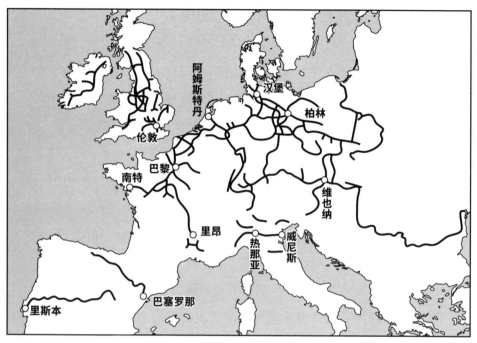

欧洲铁路网（约1850年）

海洋世界的强有力的手段。亚洲、新大陆等也开始铺设铁路，铁路的铺设加快了殖民地的资源运往欧洲的速度。

首先是在各地殖民地的原料产地和港口之间铺设铁路，将内陆地区的物资运输到港口，再把西欧的工业产品运到殖民地的内陆地区。在这一过程中，铁路起到了关键作用。铁路的铺设，加快了陆地世界向海洋世界的转型。铁路成为英国等海洋国家集中性支配陆地财富的一种遍布全球的基础设施。

一直到第二次工业革命蒸汽轮船才出现

海洋将陆地连接起来，蒸汽轮船定期航线的开设，加快了世界一体化进程。不过，蒸汽轮船有很多问题需要解决，仅是蒸汽轮船航线的开设就花费了六七十年的时间。为了学习蒸汽机的制造方法，美国人富尔顿到法国巴黎留学。1807 年，富尔顿发明了蒸汽轮船。他应用水车工作原理，用蒸汽机转动安装在船侧面的水车，这种设计方式属于外轮式。蒸汽轮船很快应用在河流和内海上，但是在航行距离长的外洋上一直没有使用蒸汽轮船，原因如下：

蒸汽机一旦发生故障，船就只能漂流；

蒸汽轮船需要装载大量的煤炭才能远航，导致无法装载乘客和货物。

这些因素妨碍了蒸汽轮船在外洋上的普及。最早制造出远洋蒸汽轮船的是英国的铁路技师布鲁奈尔。布鲁奈尔制造的大西部号于 1838 年横渡大西洋，全程用了约 15 天时间。1853 年，美国的海军准将佩里率领四艘蒸汽轮船来到日本，逼迫日本开放港口，与美国通商贸易。当时，佩里还带着好几艘煤炭补给船，绕过非洲最南端的好望角，沿印度洋北上，在中国补给煤炭之后，经冲绳到达浦贺。

在 19 世纪 50 年代，蒸汽轮船只占到船舶总量的 8% 左右。在这种情况下，海洋稳定地连接陆地是不可能的。因此，要使蒸汽轮船成为构筑海洋世界的强有力的工具，就要制造大型船舶并降低生产成本、提高性能、开发出煤炭补给技术、缩短航线。在第二次工业革命中，钢铁性能和产量的飞跃性提高，使得上述要求成为可能。

用铁替代木头制造船舶

客船、货船运输不断发展，导致用于造船的木材短缺，与之相应，船舶的制造成本猛增。到了19世纪60年代，开始用钢铁制造船舶。铁和水的摩擦较小，船速提高了两成左右，船的重量也仅为木制船只的1/3。这一结果令人喜出望外。和木材资源不同，铁可以大量生产，也可以制造大型船只。同时，蒸汽机也得到了改良，连接欧洲、亚洲、美洲的定期航线迅速发展起来。

到了19世纪80年代，开发出了钢铁预制板工艺，在短时间内就能够制造大型船舶，数万吨级的大型船舶不断下水。1885年，钢船开始普及。在钢船制造领域居于领先地位的是掌握海洋霸权的英国。截至1892年，英国制造的钢船数量占全世界的八成，是毫无疑问的造船大国。

蒸汽轮船航线和煤炭补给网络

1860年，英国开设了欧洲至亚洲的蒸汽轮船定期航线，俗称帝国航线，可以抵达印度的孟买、加尔各答，斯里兰卡的科伦坡，新加坡，马来西亚，中国的香港、上海，日本的长崎、横滨。民间的蒸汽轮船公司的船只也可以航行在这一航线上。这便是属于陆地世界向海洋世界转换的基础设施建设。

往来于定期航线的蒸汽轮船主要是邮轮，英国海军部给蒸汽轮船公司一定的补贴。欧洲各国和日本也都模仿英国的这一做法，给邮轮补贴，以维持航线的畅通。由此可见，定期航线是靠国家政策的支持才得以维持下来。

另外，商船在得到煤炭补给的情况下才能进行远距离航海。世界各地都建起煤炭补给场所，由海军守护着煤炭补给站。这一措施加速了海洋和陆地的一体化进程。19世纪60年代，日本开始了明治维新。从明治维新到甲午战争的这段时期，正是蒸汽轮船取代帆船的转型期。从1868年至1879年，海上运输的费用下降了一半。蒸汽轮船的定期航线在全世界普及，西欧各国的城市和殖民地连在一起，由此产生的货物吞吐量超过了欧亚大陆的干燥地带，实现了世界史从陆地时代向海洋时代转型。

1869年，苏伊士运河通航，地中海和印度洋连在了一起，欧洲和亚洲的航线缩短了1/3。

1910年，英国船占通过苏伊士运河的船只的总吨数六成以上。由此可见，亚洲的蒸汽轮船航线上英国船只占了一半以上。在英国的主导下，亚欧大陆的陆地世界向海洋世界转换。英国标榜自由贸易，通过蒸汽轮船、铁路将工业产品运往世界各地，破坏了各地的传统产业。

1914年，巴拿马运河通航，大西洋到太平洋的距离缩短了一

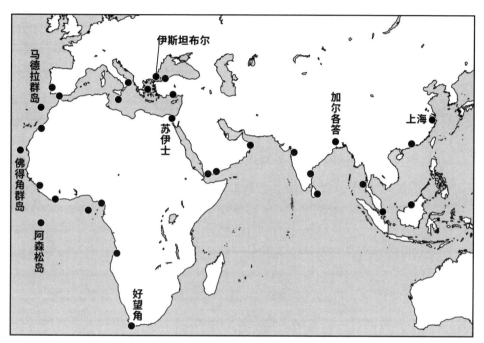

英国的煤炭补给基地

半以上。

　　蒸汽机不仅可以运转工厂的机械，还是铁路、蒸汽轮船的动力。可以说蒸汽机是陆地世界向海洋世界转换的推进力。铁路和蒸汽轮船推进了19世纪的全球化进程。英国利用这一有利条件实现了海洋的一体化。

海底电缆加速了信息的传递

19 世纪下半叶，在电信系统实现高速化的同时，形成了信息传递网。1857 年，第一条横穿大西洋洋底的海底电缆开始铺设。但是，这条电缆故障频发，很不稳定。到了 1866 年，连接美国和欧洲的电信电缆终于稳定下来。这是因为，在铺设海底电缆的地方，有的水深在 8000 米以上，施工难度很大，需要有大型的蒸汽轮船装载大量电缆。所以英国和美国合作，把铺设海底电缆作为国家项目来实施。一下子解决了通信不稳定的问题。1872 年，伦敦和东京之间开通了电信服务。海洋里障碍物很少，可以用于情报的高速传递。英国通过控制电信，逐步将伦敦变为世界经济的中心。英国通过电信网络处理世界的金融、汇款、保险等业务，各国的贸易结算也在伦敦的金融市场用英镑进行。

英国通过电信构筑了金融系统，贷出资本、获得利息，收取各种各样的手续费，其他国家的经济发展支撑着英国的经济霸权。英国通过掌控世界的通信体系保障了世界经济基准的决定权。英国把亚洲的"陆地世界"分为一个个区域，纳入了以自己为中心的世界经济体系之中。

20 世纪，美国以互联网为中心推进了信息革命。20 世纪 90 年代后，互联网开始在世界普及。以此为背景，美国对世界的金融和商业进行了重组，并将其作为获得霸权的工具来使用。早在 19 世纪末，英国已经构筑了与美国类似的体系。

第八章
英国确立海洋霸权是否太顺利了

没有进行战争而扩大势力的新模式

西方民族国家瓜分和统治陆地世界的时代

在英国发生工业革命时，在欧洲大陆爆发了法国大革命。接着，拿破仑又进行了一系列的战争。以此为开端，大西洋沿岸发生了一系列的政治变革，史称"环大西洋革命"。

此后，欧洲脱离了部落林立的状态，建立了一系列近代民族国家。民族国家的前身是17世纪中期形成的以国王为所有者的中小主权国家，史称威斯特伐利亚体系。这一体系依靠国际法、条约、外交惯例、势力均衡来维持和平，与由帝国统治广大地区的亚洲政治体制形成鲜明对照。以国王为所有者的主权国家，在资产

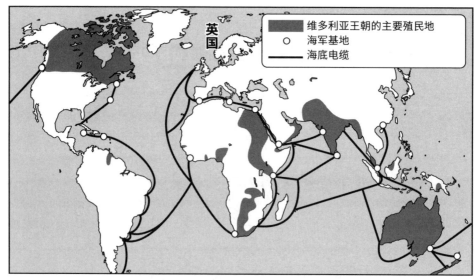

维多利亚王朝时期（约1900年）的主要海底电缆

阶级革命中王权被推翻，主权转移到了国民议会。在拿破仑称霸
欧洲的过程中，根据代表资产阶级的国民议会所制定的法律，来
实施中央集权统治的近代民族国家概念不断普及。这一国家制度、
政治制度能够适应海洋世界的发展。19世纪至20世纪，欧洲列强
忙于建立殖民统治体系，瓜分和统治陆地世界，亚洲、非洲迅速沦
为殖民地。以英国为首的欧洲国家利用他们在热兵器上的绝对优
势，从海洋上包围陆地世界。从而出现了世界史上没有过的近代
民族国家瓜分世界的新现象。殖民化在世界上扩张，在客观上导
致从海洋上推进世界一体化的进程加快了。

英国霸权的建立和殖民地自治领的产生

英国获得的第一块殖民地是加勒比海的牙买加岛。紧接着，英国和法国在北美大陆进行了长期的殖民战争，最后英国战胜了法国。之后，英国在北美建立了殖民帝国，和西班牙并驾齐驱。

本来，英国是个小国，人口仅为法国的 1/3。英国只能靠发行国债维持庞大的军费开支，进而使财政赤字不断积累，并终于迫使英国政府不得不通过向殖民地征税来渡过财政难关。英国的这一举措遭到殖民地人民的坚决反对，1775 年，更是引发了美国独立战争。为了挽回在北美的颓势，法国向美国派出援军并提供武器援助，欧洲各国也支持美国的独立战争。美国的独立战争一直持续到 1783 年，北美大陆和欧洲都卷入了这场战争。

结果，美国的独立战争以英国的失败而告终。英国花费了3/4 个世纪的时间才获得的这块殖民地，因美国独立而发生根本改变。英国虽然失去了北美这块殖民地，但是却因为殖民地兵力收回，可以用在别的地方，而为 19 世纪的英国霸权建立了基础。美国独立后，以州为单位建立了新型的国家。此后，英国尽量避免与欧洲国家发生战争。19 世纪，英国只参与了拿破仑战争（1803—1815）和克里米亚战争（1853—1856）。英国把精力集中在获取殖民地，扩大势力范围。同时，开始改变战略方针，把工作重点放在巧妙地开展情报收集、分析等谍报活动上，利用部落对立、民族矛盾和宗教矛盾等扩大自己的势力范围，尽量避免动用军事力量。另外，英国在与法国的殖民战争及美国独立战争之后，自治领的统治形式在各殖民地形成，并迅速成为英国殖民地的核心。

在美国独立战争爆发前不久，英国派詹姆斯·库克两次航海到

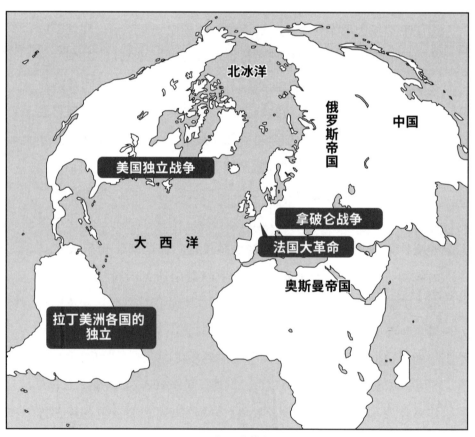

环大西洋革命

南太平洋的高纬度海域，结果发现了澳大利亚和新西兰，并开始让英国人移民到那里。南半球的陆地面积仅占全球陆地面积两成，其余都是海洋，因此英国人殖民澳大利亚意义重大。

英国在美国独立战争中失去了 13 个殖民地。与此同时，很多对英国国王效忠的人移居加拿大，加拿大成为英国的自治殖民地。然后，英国又向南非、拉丁美洲进行经济渗透。19 世纪上半叶，南半球几乎全部纳入英国的势力范围。

英国把亚洲、拉丁美洲纳入经济势力范围

拿破仑战争前，英国一直是债务国，但其巧妙利用拿破仑的大陆封锁令，在拿破仑战争之后转变为债权国。英国向被拿破仑占领的荷兰的势力范围进行渗透，非洲最南端的开普敦和亚洲的斯里兰卡这两个原属于荷兰的殖民地便这样被英国收入囊中。接着，英国又占据了马六甲海峡周边的战略要地马来亚、马六甲、新加坡等地，为英国从海上入侵亚洲打下了基础。

19 世纪初，西班牙逐渐衰落，其在拉丁美洲的殖民地相继独立。西班牙曾打算动用其在欧洲的军队镇压拉丁美洲的独立运动。英国对此表示坚决反对，同时还支持拉丁美洲的独立运动，并把从西班牙独立出来的拉丁美洲国家纳入英国的经济势力范围。其中，对英国来说最重要的是获得了巴西的金矿。18 世纪末，世界 80% 的黄金产自巴西。英国和葡萄牙签订条约，允许巴

西进口英国的毛纺织品。英国则通过出口毛纺织品获取了巴西的大部分黄金。英国利用从巴西得到的黄金确立了金本位制度，大量发行英镑纸币。19 世纪末，世界贸易使用英镑结算，这为英国的经济繁荣奠定了基础。

各陆地帝国崩溃的过程

亚洲连续发生争夺天下的战争

19世纪中叶，亚欧大陆的各帝国和以英国为首的海洋世界之间发生了争夺天下的战争。当时，亚洲的各帝国已进入衰退期。而经过工业革命、环大西洋革命，英国的国力则蒸蒸日上。1869年，苏伊士运河开通，帆船被蒸汽轮船替代，电信逐渐普及，来复枪、机关枪等武器不断推陈出新，海洋国家把陆地世界的帝国远远抛在后面。

以英国为首的欧洲列强，随即和清政府进行了第一次鸦片战争、第二次鸦片战争；在莫卧儿帝国引发了叛乱；在奥斯曼帝国引发了希腊独立战争、埃及独立战争。欧洲列强就这样不断削弱了亚欧大陆各帝国的实力，拼命将其纳入海洋世界。英国和亚洲相隔甚远，因此所需要的陆军尽量在亚洲当地招募，而英国则通过海上的力量统辖全局。结果，尽管不断和法国等欧洲列强产生摩擦，亚欧大陆各地区的传统社会还是逐渐从属于海洋世界。19世纪，以英国为首的欧洲各国在世界各地争夺殖民地。

近代化让奥斯曼帝国衰败

在西亚，奥斯曼帝国一直实行政教合一的统治，但此时的统治也在逐渐崩溃。因拿破仑远征埃及、希腊的独立战争等事件，来自欧洲的世俗的民族主义不断高涨，奥斯曼帝国开始从内部分裂、崩溃。我们可以看到，位于粮仓地带的埃及在法国的支持下，加强了军事力量，谋求从奥斯曼帝国独立出来。之前的几个世纪，巴尔干半岛的斯拉夫人为奥斯曼帝国提供了大量的人才。而今，巴尔干半岛的斯拉夫人掀起了民族运动，这导致了奥斯曼帝国的衰败。另一方面，伊斯兰势力处事保守，也限制了近代化进程。

东地中海和中东是英国入侵亚洲时的战略要地，英国在这里起着扼制法国和俄罗斯扩张、保持实力均衡的作用。由于英国控制了苏伊士运河，所以在这一地区占据优势。

经过克里米亚战争（1853—1856）、俄土战争（1877—1878）、柏林会议（1878），奥斯曼帝国的领土逐渐减少，税收也自然相应地减少。1854年以后，奥斯曼帝国从欧洲各国的银行借款次数达17次之多。由于负担不起债务，奥斯曼帝国的关税被抵押给了其他国家的银行。此时的奥斯曼帝国已经"病入膏肓"，离死期不远了。在奥斯曼帝国内部，政府主张走近代化道路，站在保守的伊斯兰势力的对立面，最终令奥斯曼帝国在内部分崩离析。雪上加霜的是，奥斯曼帝国在第一次世界大战中还是战败国，1922 年，奥斯曼帝国终于谢幕。根据塞克斯皮克协定，原属于奥斯曼帝国的阿拉伯地区沦为英国和法国的殖民地。

莫卧儿帝国灭亡，印度沦为殖民地

在印度，英国东印度公司趁莫卧儿帝国的分裂和混乱，花了 100 年时间将印度置于英国的统治之下。到了 19 世纪中期，英国东印度公司为了进一步进行殖民扩张，派遣印度雇佣军入侵缅甸、阿富汗。结果，印度雇佣军对英国不断进行侵略日益不满。

当时，英国东印度公司采用最新式的步枪。为了防潮，弹药都用涂了油的纸包了起来，而涂纸用的油是动物性油脂。在使用新式步枪时，雇佣军士兵需要咬破包装纸，再把弹药装填到枪膛里。雇佣军士兵中的印度教信徒认为包装纸上有可能被涂抹了牛的油脂，牛是神圣的动物，对此非常不满。雇佣兵中也有伊斯兰教徒，这部分人怀疑包装纸上使用了猪油，也非常不满。而这便是印度雇佣兵发动叛乱、印度爆发独立运动的导火索。未几，印度雇佣兵起义军推举已丧失统治权的莫卧儿帝国的老皇帝为首领，向印度全国呼吁复兴莫卧儿帝国。1858 年，起义被英国政府镇压下去，莫卧儿帝国灭亡了。

1877 年，英国建立印度帝国，推举维多利亚女王为帝国皇帝。从此，亚洲的人口第二大国印度沦为英国的殖民地。在之后约 70

年间，印度作为殖民地支撑着英国的繁荣。

在鸦片战争中，英国利用蒸汽轮船打败了清帝国

18 世纪，英国东印度公司垄断了清朝的对外贸易。在此之前，英国民众流行喝红茶之风，对红茶的需求量很大，英国东印度公司便希望从中获取利润。为了购买红茶，英国东印度公司需要筹措大量的白银，这令英国东印度公司非常头疼。于是，英国东印度公司将印度孟加拉地区种植的毒品鸦片走私到中国，以赚取的白银。

结果，白银大量外流导致中国的银价涨至两倍。清帝国的农民需要用铜钱购买白银纳税，银价一上涨，便造成在短时间内，税金翻倍，农民生计维艰。当时的中国是农业大国，农民生活困苦彻底动摇了其国本。

于是，清政府任命林则徐为钦差大臣取缔鸦片走私，防止白银外流。林则徐派军队包围了广州的英国商馆，命令英国负责贸易的官员交出鸦片，并把这些没收的鸦片销毁了。英国人惊恐万分，狡辩说鸦片是商品，悍然发动了第一次鸦片战争（1840—1842）。

我们看到，英国在亚洲搞的是三角贸易：用英国的棉织品换购印度的鸦片，用鸦片换购清朝的红茶，再将红茶卖给英国民众。林则徐禁烟使英国在亚洲的三角贸易崩溃了。

连接英国、中国、印度的三角贸易

　　英国派往中国的远征军共有2万人，其中大部分是从印度派来的。同时，英国海军还派来了14艘蒸汽机驱动的炮舰，其声势浩大，给清政府的军队带来了心理上的巨大压力。随后英军向长江流域展开攻势。清政府担心战争进一步升级，剥夺了主张进行彻底抗战的林则徐的指挥权。就这样，清政府采取了向英国妥协的方针，于 1842 年与英国签订了《南京条约》，第一次鸦片战争结束。通过《南京条约》，英国得到了以下好处：

清政府给予英国战争费用补偿，对没收并销毁的鸦片进行赔偿，金额达 600 万银圆。

英国获得了进行自由贸易的据点香港岛。

第一次鸦片战争前后，清政府允许鸦片买卖，白银继续大量外流，农民的生活进一步恶化。在这一背景下，农民进行反抗，最终导致太平天国运动（1851—1864）爆发。不久，英法发动第二次鸦片战争，从中国攫取了更多特权。英国标榜自由贸易，而殖民地正好遂了他们的愿。因此，英国把香港作为与中国开展贸易的据点，把中国的香港和印度的孟买、新加坡等用航线连在了一起。

海洋世界通过贸易、经济、阴谋对陆地世界进行重组

控制了令人垂涎三尺的苏伊士运河

如上所述，19世纪60年代，蒸汽轮船取代了帆船，交通工具更新换代。蒸汽轮船将大陆的各地连接在一起，形成交通网络。在战略要地，人们建了煤炭储存所，因为蒸汽轮船在补充煤炭后才能继续航海。之后，技术不断取得进展，1868年至1879年期间，海上运输成本减半。

日本进行明治维新的时机非常好。在蒸汽轮船取代帆船成为海上运输的主力，欧洲列强大规模入侵亚洲之前不久，日本就基本上完成了明治维新。1869年，苏伊士运河开通，加速了蒸汽轮船运输网络的形成进程。法国外交官、技师雷赛布成功地主持开凿了苏伊士运河。埃及总督赛义德帕夏曾经跟雷赛布学习骑马，因此在雷赛布开凿运河时提供了很多支持。开凿苏伊士运河花费

Between Kantara and El-Ferdane—The First Vessels through the Canal.

苏伊士运河开通后不久的景象（19世纪）

了约 1860 万英镑，由法国和埃及分担了这项费用。苏伊士运河开
通后，伦敦到印度孟买的航行距离缩短了 5300 公里，仅为原来的
1/3，航程也缩短了 24 天。英国打算通过海洋控制亚欧大陆，对
苏伊士运河更是垂涎三尺。埃及负担了开凿苏伊士运河总费用的
70%，导致自己陷入财政困难。埃及不得不卖掉苏伊士运河 44% 的
股份。而法国在普法战争（1870—1871）中刚刚战败，筹措不到巨

额资金购买这部分股份。

这对英国来说是个很好的机会。英国首相迪斯雷利认为，英国必须想方设法购买苏伊士运河的这部分股份。于是，迪斯雷利自行做主，从犹太人罗斯柴尔德那里借来4000万英镑，购买了苏伊士运河公司44%的股份。当时，罗斯柴尔德要求迪斯雷利拿东西做抵押，迪斯雷利说："我拿英国做抵押。"这句话后来广为流传，脍炙人口。

之后，埃及发生内乱。英国乘乱于1882年军事占领了苏伊士运河地区。1888年，各国在君士坦丁堡大会试图签订一个国际条约，条约规定所有国家都有平等利用苏伊士运河的机会。但是，英国迟迟不愿批准这一条约。最终，英国利用第一次世界大战将埃及变为自己的保护国，1936年更让埃及允许英国军队驻扎苏伊士运河地带。苏伊士运河成为海洋帝国英国的战略要地。

英国在争夺非洲殖民地中占优势

英国殖民时期，英国探险家利文斯顿到东非传教时失踪了，美国记者斯坦利为了搭救利文斯顿，前往东非。结果，在营救过程中，斯坦利发现东西贯穿非洲中部的热带雨林的刚果河非常有经济价值，并就此做了报道。于是，比利时国王利奥波德二世马上成立刚果国际协会，宣布将筹备建立刚果自由国，并将其作为自己的私有领地。英国、葡萄牙等国对此提出异议，与比利时的矛盾加深。这时，德国还没有殖民地，俾斯麦首相居中仲裁。为了解决这一问题，举行了柏林会议（1878）。在会议上，各国指出非洲文明程度很低，可以看作是"无主之地"，最先在这里建立统治秩序的国家有权统治该地。这就是先行占有权，这被作为瓜分非洲的原则而获得会议通过。之后，欧洲列强开始来到非洲，争夺殖民地。仅用了 20 年时间，非洲除了埃塞俄比亚之外，全部沦为列强的殖民地。

在争夺非洲殖民地过程中，英国又占据了优势。塞西尔·罗德斯是英属殖民地开普敦的首相、金伯利钻石矿的矿主。正是塞西尔·罗德斯创建了英国南印度公司，他打算在开普敦和开罗之间铺设铁路，以便将整个非洲置于英国的统治之下。与此同时，法国、德国、意大利也都在非洲获得了殖民地。

1884 年，布尔人在南非发现了世界最大的金矿。当时，英国以黄金为基础发行英镑纸币。然而，英国黄金缺口较大，于是发动了第二次布尔战争（1899—1902），这场战争遭到了全世界的谴责。尽管如此，英国还是打败了顽强抵抗的布尔人，占领了南非，获得了大量的黄金。

英国缔结日英同盟的目的

英国的海军非常强大，但是陆军较弱，只能依靠外交和谍报工作弥补陆军力量的短板。为此，1902 年，英国和日本缔结日英同盟。日英同盟和日俄战争改变了东亚和日本的历史。在甲午战争中，中国战败。以此为契机，欧洲列强开始大肆瓜分中国土地。鸦片战争以来，一直是由英国一国垄断在清帝国的权益。但甲午战争后，俄国、德国也开始在华北扩张势力范围，英国垄断中国权益的局面结束了。俄国拥有世界最强大的陆军，是英国的强劲对手。而德国也在加强海军的力量，为了扼制德国，英国不得不与俄国联手。

俄国利用第二次鸦片战争的时机，在中国东北进行扩张，并加快了对西伯利亚以东地区的建设、开拓步伐。1895 年，俄国与德国、法国联手干涉日本与清政府的战后处理事务。通过这一措施，俄国得到了辽东半岛的旅顺、大连，还得到了在东北北部铺设西伯利亚铁路的权力。德国则得到了山东半岛的青岛。

1900 年，义和团运动爆发。俄国乘机军事占领中国东北，进而想把朝鲜王朝置于俄国的统治之下。尽管英国在中国的权益受到俄国的威胁，但英国在亚洲没有能够与俄国对抗的陆军。而且鉴于英国与俄国的关系密切，英国也不能和俄国发生正面冲突。因而，英国想利用日本的陆军阻止俄国的南下。1902 年，英国与日本缔结英日同盟。

俄国利用法国资本铺设横跨西伯利亚的西伯利亚铁路，1904 年西伯利亚铁路大致竣工。日本感到巨大威胁，便依靠英国发动了日俄战争。在 1902 年缔结的《英日同盟条约》规定："假如日本和一个国家交战，英国保持中立；假如日本和多个国家交战，英国参战。"俄国和法国也缔结了同盟关系，因此缔结英日同盟的目的是牵制法国，阻止其参战。1904 年，日俄战争爆发。英国积极开展谍报战，对俄国海军采取了非合作态度，从侧面帮助日本。由此，英国通过外交策略和谍报战弥补了陆军的短板。

英国以国际货币英镑为后盾推进自由贸易

英国政府动员 2000 万英国普通民众移居加拿大、澳大利亚、新西兰等地。组合运用贸易、移民、谋略、军事等手段，从海上对世界各地的传统社会进行了重组。不仅如此，英国从海上将殖民地的行政官、商人、军人送往世界各地。结果，在维多利亚王朝的统治下，英国获得了相当于大不列颠岛 91 倍的土地（接近全世界地表陆地面积的 1/4），统治着 3.72 亿人（世界人口的 1/4），成为世界史上最大的帝国。

在世界的广大区域，情况复杂多样。英国在标榜自由贸易的同时，获得了治外法权、低关税出口商品的权益和最惠国待遇。毋庸赘言，这些对拥有强大的经济力量的英国来说是有利的。

霸权国家英国将纸币英镑作为对世界各国的结算手段，将世界各国纳入自由贸易体系。在这一时期，犹太人罗斯柴尔德家族更是以"宫廷犹太人"的身份，负责财务、金融方面的工作。

英国海军制作全世界海洋的海图，以低廉的价格提供给各国的商人，同时打压反对自由贸易的各种势力，反对扩大领海。此外，英国海军打击亚洲的海盗，努力扩大世界贸易。没错，这就是霸权国家应该做的工作，而这也确实符合英国的国家利益。对海洋帝国英国来说，在大洋上开设航线并加强控制，就是在维护英国的生命线。控制航线上的战略要地是重中之重。如前文所述，英国成为苏伊士运河的大股东，控制着马六甲海峡。

英国海军守卫着英国的航线，而这些航线也对民间的轮船公司开放。英国在航线上建了煤炭补给站和通信网络。19 世纪下半叶，世界商船一半以上是英国船。当时航线上有 40 万乘客和乘务人员。伦敦郊外的格林尼治成为测定世界的经度和时间的基准地点。伦敦的船舶保险集团罗伊斯给船舶定级，后来这成为世界的标准。

英国的海军统治着世界的海洋，英国的商务轮船公司掌握着世界经济的命脉；在全世界铺设的海底电缆把信息、情报集中在伦敦；英国还在全世界铺设了铁路。《英国扩张史》的作者，历史学家西里指出海洋帝国英国掌握霸权的方式很独特，他说道："在世界的所有地方发生着各种各样的问题，这些问题都需要通过专业知识和专业技术来解决。而这些问题都是由英国一国解决的。这种情况史无前例。"英国首相迪斯雷利对出现英国这样的海洋帝国也颇有感慨："翻看史书，自古至今从未见到这样的先例。真是很奇妙！"对英国来说，成为霸权国家之路可谓一帆风顺。

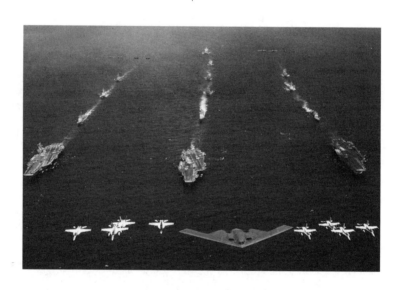

第三编

空域霸权
和
美国

第九章
移民大国美国在新大陆发展迅速

欧洲的扩张改变了新大陆

大城市人口增加导致全世界发生了巨变

19 世纪，城市化进程加速，欧洲人口约增加了 1 亿。为了养活这些人，欧洲需要保障粮食供应。可喜的是，在蒸汽轮船和铁路保障了粮食的大量运输的同时，开发出了冷藏技术，这样在运输过程中食品便不会腐烂。这十分有助于海洋运输体系在全世界扩展。在 19 世纪，丰富多彩的大自然遭到大规模破坏，变为支撑城市生活的农场、牧场。

原来，美国中西部奔跑着数目庞大的野牛。而今，这里被开发成种植小麦的大农场和用铁丝网围起来的养殖肉牛的牧场。牛仔们驱赶着肉牛到最近的火车站，之后肉牛被运往芝加哥屠宰后加工成牛肉。从南美的阿根廷到巴西南部，横亘着的 100 多万平方公里大草原，现在也被开发成牧场，放牧牛羊。澳大利亚的内陆部分是干燥的大平原，这里本来是澳大利亚原住民生活的地方。但英国人从本土把羊带到了这里，令这里变为大牧场，放养着数百万只羊。

与此同时，欧洲殖民者向人口稀少的地区移民，不仅加快开发步伐，还建了牧场、农场，使得地球生态系统发生了巨变。世界各地的粮食运输量从 19 世纪 50 年代的 400 万吨激增至 19 世纪 80 年代的 1800 万吨。其中大部分是运往欧洲的。

欧洲移民涌向美洲大陆

欧洲人口激增，导致大量人口向外移民。4000 多万欧洲人为了寻求美好的生活向世界各地移民。在 1820 年之后的 100 年间，3600 万欧洲人移居北美洲地区；360 万人移居南美地区；200 多万人移居澳大利亚、新西兰；还有很多欧洲人移居亚洲、非洲。

在欧洲，资本主义经济不断发展和城市化进程不断加快，令很多欧洲人移居各大洲，促进了世界的欧洲化。到了 21 世纪，移民的方向和 19 世纪以来的倾向有所不同，即发生了逆转。亚洲、非洲的移民、难民纷纷涌向欧洲，成为令欧洲烦恼的问题。在欧元区内，移民、难民问题也成为一块心病。正因如此，欧洲各国右翼势力抬头，纷纷排斥外来移民、难民。这已是众所周知的事实。

美国向移民大国、海洋帝国转化

"第二个欧洲"在新大陆发展起来

　　美国是由海洋世界产生的新型国家。19世纪20年代至40年代，美国不断推行西进运动，最终成就大陆国家。美国的边境线从大西洋沿岸向西移动的过程，也是来自欧洲的移民用枪杆子吞并原住民居住地的过程。尽管欧洲的移民通过移民和开拓活动培养了进取精神，即今美国价值观的雏形，但这对原住民和黑人来说却是屈从于欧洲移民的暴力的过程。当时，欧洲白人的扩张具有上述两面性，但欧洲人还是普遍认为这是天意或者命运所致。

　　1848年，加利福尼亚发现了金矿。从美国东部约有10万淘金者蜂拥到加利福尼亚，掀起了所谓的"淘金热"。

　　旧金山原来只不过是一个荒凉的村庄，在很短的时间内发展成一个大城市。向美国西部的移民不断增加，使美国成为大陆国家。在这一过程中，保守色彩很强的草根派美国人逐渐增多，他们标榜"美国利益优先"。1845年，美国吞并了得克萨斯。1846年至1848

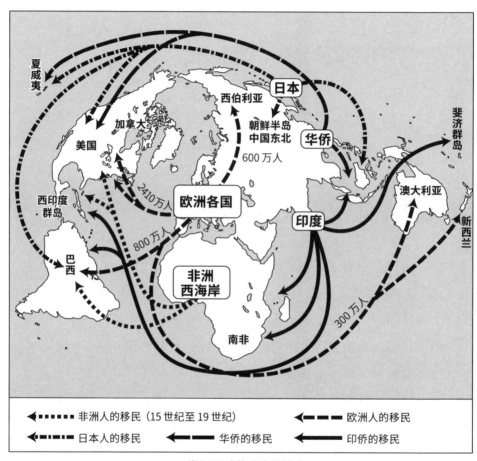

15 世纪以后劳动力的流向

年，美国发动了美墨战争。1853 年，美国从墨西哥购买了亚利桑那州南部希拉河流域。这样一来，美国从墨西哥夺走了 1/3 的土地。通过这一系列扩张，美国的国土面积扩大至建国初期的 4 倍。

在悲惨的南北战争之后，美国经济获得了迅速发展

美国北部属于大工业化，南部则属于种植园经济，二者的经营性质迥异。而且美国南北方的人们各怀鬼胎，对美国的国家蓝图的看法也不一样。美国就像补丁构成的国家一样，没有秩序。而美国南北战争（1861—1865）就是在这样的背景下爆发的。

1860年，共和党的林肯当选美国第16任总统，他主张循序渐进地废除奴隶制。以此为导火线，美国南部宣布脱离美利坚合众国，南北战争爆发。1865年，美国内战结束。在这场战争中，约有65万人战死，其中，北方约有36万人战死，南方约有29万人战死。在南北战争中的阵亡人数约是美国在第二次世界大战中死亡人数的两倍。

南北战争后，美国采取切实措施，取得了很好的效果：

实行关税保护政策，调高税率，把关税定为47%；

大量铺设铁路，形成网络（在1890年之前，增长为原来的6倍）；

根据霍姆斯-特德法，无偿向移民提供国有土地；

铺设横跨美国大陆的铁路，扩大西部市场；

美国北部的资本向南部投资；

国外移居美国的移民人数大量增加，促进了工业的迅速发展。

美国下大力气铺设铁路，开发西部。虽然美国是个新兴国家，

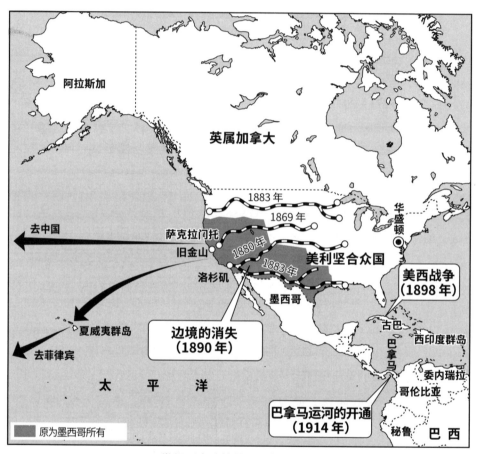

19 世纪下半叶的美国及其周边国家

其工业生产能力却在很短时间内便超过英国，跃居世界第一位。
一直以来，美国人认为未开拓的荒地是无限的。而今，未开发的荒
地已经消失了。

美国把扩张的矛头指向中国，向海洋世界发展

19 世纪末，美国成为新大陆的移民大国。之后，美国逐渐向海洋世界扩展势力。这时的美国采取了以下两个步骤：

向未得到开发的太平洋进军；

趁清政府混乱，浑水摸鱼。

海军上校阿尔弗雷德·马汉写了一本非常著名的书，名叫《海权论》。1890 年，阿尔弗雷德·马汉提出了新的国家战略，指出要实现这一战略，必须加强海上的力量。阿尔弗雷德把美国看作是夹在大西洋和太平洋之间的岛屿，认为美国在地缘政治学上比欧洲有优势，美国应该利用这一优势成为海洋帝国。具体来讲，阿尔弗雷德主张美国应该和大西洋对岸的英国进行合作，垄断太平洋对岸的老大——中国的市场。

1898 年，在美西战争中，美国打败了西班牙，控制了连接大西洋和太平洋的加勒比海。不仅如此，美国还占领了太平洋上的夏威夷、关岛、菲律宾，为向中国扩张奠定了基础。美国国力日益强大，企图在经济上控制中国。这可以看作新大陆对旧大陆的逆袭。

美国的最优先课题是建设巴拿马运河

为了在经济上控制中国，美国有必要保障从大西洋沿岸到太平洋的物资、人员、资金的海上通道。当时，已经开通了连接亚洲

和欧洲的苏伊士运河。美国也模仿开通苏伊士运河的做法，以举国之力开凿巴拿马运河。美国政府投入 3.75 亿美元巨资，于 1914 年开凿了全长 80 公里的闸门式运河——巴拿马运河。这样一来，巴拿马运河将美国东部和西部从海上连在了一起。由于巴拿马运河的开通，纽约和旧金山之间的航程缩短了一半以上。

在巴拿马运河开通那年，第一次世界大战爆发。第一次世界大战是工业等综合国力的较量，给欧洲各国带来了沉重的负担，欧洲经济因此崩溃。以英国为首的欧洲列强都在第一次世界大战后衰落了。德国、俄国、奥匈帝国、奥斯曼帝国或衰落或消亡。英国、法国也沦为债务国。在这种情况下，欧洲列强无法维护在中国的势力范围。美国、日本和社会主义国家苏联在第一次世界大战中实力大增，趁着欧洲列强的衰落开始争夺对中国的控制权。虽然苏联是欧亚大陆的陆地大国，但对美国来说，日本才是最大的敌人。

第十章
欧洲各国衰落了，美国经济一枝独秀

对第一次世界大战的反思

英国受到德国的挑战

19世纪末，德国、美国通过技术革新逐渐崛起。一直以来，英国以占绝对优势的工业为后盾，经济繁荣，出现了"英国统治下的世界和平"这一局面。而在19世纪末，英国的工业优势地位丧失了。1870年，英国的工业生产总值占全世界的32%，可到了第一次世界大战爆发前不久，这一比值降至14%。尽管如此，英国依然是金融帝国、殖民帝国，掌握着世界霸权。

在工业领域，美国、德国因为有廉价的劳动力，处于有利地位。德国和美国在重化学工业等领域占优势，成为新兴工业国，国际地位不断提升。美国和德国实行保护关税，采用新型的企业经营和资金筹措方式，向英国控制的自由贸易体系和金融体系发起挑战。特别是德国和英国的霸权争夺战不断激化，在政治上、军事上发生对立，致使世界形势越来越不稳定。

德国为了巩固统治基础，从建国之初起俾斯麦首相就采取了与国际社会合作的态度，为的是孤立法国。但是，德国最后的皇帝威廉二世受美国的战略家马汉的影响，不仅将德国的未来寄托在海洋扩张政策上，还向英国的海上霸权发起挑战。也就意味着陆军强国德国打算向海洋帝国转型，而要实现这一转型的关键就是海军力量。但德国海军的基地在波罗的海的基尔港，所以德军只能在日德兰半岛开凿军用水道，使军舰可以直接航行到北海。这就是基尔运河。

1895年，威廉二世出席基尔运河开通仪式，发表了有名的演说，称"德意志帝国的将来在海上"，并宣布德国转型为能够与英国对抗的海洋帝国。然而，德国正处在从农业国发展为工业国的阶段，无论在海洋帝国所需要的技术上还是在经济实力上都与英国有很大差距。

当时，英国为了在军事上维持海洋霸权的地位，采取了"两强标准"（参见前文），维持了在世界上排第二位的海军国家的两倍的军事力量。然而，德国想在短期内建设超过英国的海军力量。1898年之后，德国开始加速建造大型军舰。英国为了与德国对抗，建造了超大型弩型战舰。随后，德国也建造了相同规模的军舰。英德两国的军备竞赛不断升级。以前的海盗之海（北海和波罗的海）演变成军事对抗和军备竞赛之海。在这种情况下，德皇威廉二世拉拢奥斯曼帝国，非常露骨地邀请奥斯曼帝国一起来实施世界战略，向英国支配的印度洋进军。1898 年，德皇威廉二世访问奥斯曼帝国首都伊斯坦布尔，以无偿提供援建为条件，获得了巴格达铁路的建设权。由于铺设了连接巴格达到伊斯坦布尔的铁路，奥斯曼帝国立刻被置于德国的统治之下。实际上，德国的计划是铺设从柏林经伊斯坦布尔到巴格达的铁路。为了与德国对抗，英国积极开展外交活动，与俄国、奥匈帝国联手，打算在巴尔干半岛阻止德国的东进。结果，这些举动激发了斯拉夫人的民族解放运动，欧洲各国的对立加深。德国、奥匈帝国、意大利组成三国同盟，英国、法国、俄国组成协约国，形成两大阵营。由此可见，德国和英国都打算通过武力让对方屈服。

此外，列强为了争夺势力范围，斗争日渐激烈。德国开始实施海洋战略，从巴格达的外港巴士拉向波斯湾、印度洋扩展势力。而英国的海洋政策是以印度洋为中心统治非洲和印度。德国采取了"3B 政策"，亦即将柏林（Berlin）、拜占庭（Byzantine，即伊斯坦布尔的旧称）、巴格达（Baghdad）连在一起的政策。而英国采取了"3C 政策"，亦即将开罗（Cairo）、开普敦（Cape Town）和加尔各答（Calcutta）连为一体的政策。德国和英国以军事力量为后盾进行了激烈的争夺。

两国争夺霸权的斗争毫不退让，欧洲各国都被卷入其中，最

终导致第一次世界大战爆发。结果就是，以德国、英国为首的欧洲
列强衰落了。

军备竞赛最终导致悲惨的世界大战

1914 年，奥匈帝国皇位继承人斐迪南大公夫妇在波斯尼亚首
都萨拉热窝被暗杀，这就是萨拉热窝事件。奥匈帝国对波斯尼亚
拥有行政权，但对事件的善后处理非常不合理，结果导致了第一
次世界大战的爆发。德国、奥匈帝国、奥斯曼帝国、保加利亚 4 国
和协约国一方的 24 个国家作战。第一次世界大战是规模空前的一
次大战，整个欧洲一分为二，成为交战双方。尽管第一次世界大战
旷日持久，但实际上支撑战争的是各国的综合实力。

经过第二次工业革命，武器技术取得了长足的进步。因此，在
战争中可以进行远距离的饱和性攻击，攻击无法将士兵和平民分
开。如轰炸机从空中进行轰炸，根本无法区分军事人员和非军事
人员。战争的性质发生了重大变化。军用飞机从空中对地面进行
攻击，区别陆地和海洋已经意义不大了。在这种情况下，交战国在
陆地交战的同时也会伴随海战和空战。这样一来，战争就发展为
经济、政治、军事等综合国力的较量，男女老幼全体国民都被卷入
战争，造成的损失无疑是巨大的。

此外，由于开发出了远程大规模杀伤武器，战斗人员的心理
麻木了。这是因为即便杀伤力再大，由于眼睛看不到，便也感觉不

到战争的残酷。第一次世界大战是综合国力的较量。在这次大战中，英国和欧洲列强将 19 世纪从殖民地搜刮来的财富消耗殆尽。因此，英国的霸权开始动摇。

参战各国为了打赢第一次世界大战，都实行物资管制，实行全民动员。除了士兵和在后方工作的军事要员之外，所有的国民都被迫在军需工厂劳动。一直以来，妇女被束缚在家里，此时也走向社会，这是因为妇女不得不替代男子在军需工厂劳动。也正是由于这个原因，在第一次世界大战后，欧洲等地的妇女开始参政。

美国发明了飞机、汽车和收音机

美国开始意识到空域力量的重要性

在第一次世界大战中，英国耗费了大量的军费。结果战争结束后，英国也衰落了，霸权转移到新大陆的美国手中。不过，直到第二次世界大战结束，世界金融中心才从伦敦转移到纽约。

美国是继英国之后的海洋大国。不仅如此，美国还拥有强大的空军力量。因此，美国的霸权得到了加强。制造飞机需要组装很多零件，这促进了美国科学和技术的进步。此外，驾驶飞机也需要高度复杂的技术，这都需要进行训练。因此，要加强空域力量，科学、技术、教育的进步是不可或缺的。陆地力量、海上力量并不完全等同于陆军力量和海军力量，同样空域力量并不完全等同于空军力量。美国通过空军力量掌握世界霸权之后，在第一阶段就控制了连接世界的飞机、喷气式飞机的空中网络。在第二阶段，美国会通过互联网掌握全世界的霸权。空域力量由航空公司、众多的机场、航空产业、保障飞机安全航行的系统、能源保障系统、飞行员的培养、飞机的检修、航空技术人员的教育体系等构成。美国拥有强大的空域力量和海上力量，这两种力量形成合力，最终掌握了军事霸权。美国计划在将来控制全世界的飞机航线、航空制造业。

从第一次世界大战开始美国的空域力量就占优势

飞机的历史很短。在日俄战争爆发前不久，美国才刚刚发明出构造极为原始的飞机。但就是这一发明，带领人类进入了开拓空域的时代。莱特兄弟受老鹰在飞行中通过扇动翅膀调整动作的启发，在滑翔机上安装了操纵机翼和方向盘的驾驶装置。1903年，莱特兄弟驾驶着引擎驱动的飞机进行了4次飞行试验，平均时速达52公里。但首次试航滞留空中的时间为59秒钟，飞行距离仅有260米。那时谁都没有想到世界会因为飞机而发生决定性变化。1909年，法国人路易·布莱里奥驾驶飞机，成功横渡多佛尔海峡。不过，这时的飞机仅能乘坐一人，飞行几十公里而已。

使得飞机发生质变的是以工业化和综合国力为基础的战争。在第一次世界大战中，飞机首次被用作武器，各国实现了飞机的规模化生产，并提高了飞机的性能。在第一次世界大战爆发时，飞机只不过才有470架，在之后4年时间里，世界各国生产了约17万架飞机，其中德国生产的最多，达到4.8万架。当时轰炸机时速达到200公里，续航时间为8小时，主要用于毁坏城市等。

第一次世界大战后，飞机应用到了民用领域。当时的飞机时速在 100 公里以下。为了与铁路竞争，提高利润，还开通了夜间航班。桑特哥·朱波利写的《星球王子》中讲了一个飞行员的故事。这个飞行员在法国航空公司工作，负责向非洲运输邮件。比利时为了防止刚果的钻石被劫，专门成立了航空公司运输钻石。1927年，美国悬赏 2.5 万美元，由飞行员驾驶飞机飞越大西洋，中间不允许着陆。美国人林德巴格进行了挑战，花一昼夜半的时间从纽约飞到巴黎，中间没有着陆。

历史上首次出现大量生产、大量消费的时代

美国掌握霸权之后，发生了一件史上从未有过的事情。这就是随着大规模生产和世界贸易的深化，人们开始吃饱饭了，大部分人被从饥饿的恐惧中解救出来。由于第一次世界大战，美国成为世界最大的债权国。之后美国利用电力发展起电器产业、收音机等通讯产业、汽车产业等。20 世纪 20 年代，进一步出现了舒适的城市生活方式，这就是美国生活方式。

美国引进了大量生产、大量消费模式，利用汽车进行运输。而且，在美国，通过连锁店引发了流通革命。这样一来，商品的价格大大降低，商品充斥着市场。这即是美国式的新生活方式。此前，陆地世界最大的难题就是无法解决饥饿问题。而美国通过大型农场大量地生产粮食，成功地解决了这一问题，美国的一般百姓也

1903年，莱特兄弟在北卡罗来纳州的沙丘上进行首次飞行的照片
驾驶者是弟弟奥维尔，站在右边的是哥哥威尔伯

能买得起汽车、收音机、家电产品。因此，职业体育比赛、爵士乐等大众文化也开始流行起来。与此同时，美国式的物质至上主义、享乐主义的倾向越来越显著，由此进入大众消费阶段。陆地世界是很难实现大量消费的。而在第一次世界大战后，美国在大量消费的支撑下，进行大规模生产。此外，美国以科学技术为后盾，进入空域时代，人、商品和资金的移动都可以在空域进行。

美国尽管是经济大国，但是在获得霸权问题上犹豫不决

表面上看，英国、法国在第一次世界大战中是战胜国。英、法

两国使奥斯曼帝国土崩瓦解，随后又通过《塞克斯-皮科协定》瓜分并统治着阿拉伯地区。不仅如此，英法还在东欧构筑了新的势力范围。然而，欧洲经济萧条，财政恶化，终令英国的霸权开始动摇。英国勉强维持了英镑贸易区的金融中心地位。

美国不是战场，就把钱借给各国，成为最大的债权国。因此，经济霸权转移到美国手中。然而，美国想成为霸权国家的意愿并不强烈。美国拒绝把欧洲的债务一笔勾销，也不同意减免欧洲债务，这一举措严重影响了欧洲的经济复苏。19 世纪 20 年代初，美国议会制定并通过了提高海关税率法，这无异于关闭美国市场，封杀欧洲各国解决贸易赤字的道路。

第一次世界大战末期，在美国总统威尔逊的倡议下，国联成立，为的是保障国际社会的安全。但是，美国参议院坚持孤立主义立场，不同意美国加入国联。在美国国内，华尔街是少数派，保守色彩浓厚的农村势力根深蒂固。因此，美国选择了孤立主义道路，没有以霸权国家的身份担负起维持世界稳定的责任。当时，贸易占美国国民生产总值的比例不足一成，美国也没有和外国竞争的经济规模和专业知识。所以，美国只能采取重视国内的孤立主义立场。在外交政策上，美国最热心做的一件事情就是在东亚扩张。在华盛顿召开的一次由美国主导的会议上，英日同盟解体了。美国为了自己的利益极力阻止自己的竞争对手日本向中国扩张。

第十一章
美国掌握的空域霸权及中国的和平崛起

美国掌握霸权是从亚洲开始的

太平洋战争是美国霸权构想的一环

在第一次世界大战中，英国和法国不仅夺取了战败国德国的领土和殖民地，还让德国支付条件十分苛刻的战争赔款。1929年，世界性的经济危机发生，欧洲经济受到重创，德国经济也不能幸免，而支付战争赔偿进一步加重了德国的经济危机。这令德国民众的不满情绪高涨。这时，纳粹打着民族主义的旗号，利用德国民众的不满情绪，取得了政权。

1939年，德国的希特勒和苏联的斯大林签订了《苏德互不侵犯条约》和瓜分波兰的秘密协定。之后，苏、德夹攻波兰。这样一来，英、法对德国宣战，第二次世界大战全面爆发。1940 年，德军攻克巴黎。同年，德国与日本、意大利缔结三国军事同盟。1941年，德国为了夺取位于今阿塞拜疆的巴库油田，进攻苏联。两个月以后，美国总统富兰克林·罗斯福和英国首相丘吉尔于 1941 年 8 月14 日，在大西洋的一艘军舰上举行会谈，发表了《大西洋宪章》。《大西洋宪章》包括了不谋求扩大领土、不变更领土、民族自决、贸易自由和海洋航行自由等内容。美国和英国联手，向争夺霸权迈出了第一步。美国要获得霸权，就必须在太平洋、东亚地区和欧洲战场参战。

以偷袭珍珠港为契机，空中力量开始在战争中起重要作用

1941 年，日美进行谈判。日本因为侵华战争已持续多年，国内经济恶化。美国趁此机会，要求日本从中国撤军，并脱离德意日三国军事同盟。为了与美国抗衡，日本和苏联签订《日苏中立条约》，进驻法属印度支那。由于日本对抗美国的意图日益明显，《赫尔笔记》指出，"如果日本不从中国撤军，美国就停止向日本出口石油和钢铁"，以此措施制裁日本。然而，早在日本偷袭珍珠港一年前，美国领导人就打算参加第二次世界大战，并确信能够获胜。

在迫不得已的情况下，日本下定决心对美国开战。1941 年 12月 7 日，日本袭击驻扎在夏威夷珍珠港的美国太平洋舰队，对美国

不宣而战。美国于同一天对日宣战，太平洋战争爆发。在这里需要注意的是，美国把要求日军撤出中国和对日本实行石油、钢铁禁运巧妙地结合在一起。

本来，控制太平洋、抢占中国市场是美国的传统世界战略。第二次世界大战中，美国实施这一战略的最大障碍就是日本。也就是说，美国和日本发生战争只是时间问题。另外，美国也希望找一个合适的借口在欧洲战场参战。在美国国内，共和党反对战争。这对执政的民主党来说是个棘手的问题。抗日战争处于胶着状态，日本经济萎靡不振。罗斯福的民主党政府瞅准这一时机，向日本政府发出通牒："如果日本军队不撤出中国的话，美国就停止向日本出口石油和钢铁。"美国政府这样做的目的是刺激日本向美国宣战，是一种挑衅行为。

对此，日本政府在没有进行深思熟虑的情况下就决定向美国开战。日军在日本政府向美国宣告断交前不久偷袭珍珠港。美国政府巧妙利用日军偷袭珍珠港一事在美国国内大造声势，使得反对战争的共和党也无话可说。在这一形势下，美国积极备战，做好了与日本决战的准备。

最近的研究成果认为，起草《赫尔笔记》的是美国财政部的官员怀特。第二次世界大战后，美国召开了布雷顿森林会议，决定把美元作为基准货币，实行固定汇率制度。以此为契机，美国掌握了世界经济霸权。在这一过程中，怀特起着主导作用。如果这是事实的话，可以说刺激日本向美国宣战是美国的亚洲战略和战后霸权构想的重要一环。

德意日三国军事同盟规定："假如同盟国中的一国与第三国交战的话，其他两个国家也要向第三国宣战。"如果日美战争爆发的话，意大利和德国也要向美国宣战。也就是说，美国从亚洲参与了欧洲战场的战争。在太平洋战争中，日本失去了制空权。这导致日本的各个城市化为焦土，工业遭到毁灭性打击。从此，日本再也无力与美国对抗，美国消除了进军中国市场的障碍。

日本偷袭珍珠港之后，美军深刻认识到："巨炮大舰的时代已经过去了，空中力量开始在战争中起主导作用。"战舰的规模再大也无法抵御来自空军的进攻。于是，美国的军事战略开始转型。美国开始大规模生产战斗机、轰炸机，并着手研究雷达，将战舰切换为航母。以日军偷袭珍珠港为契机，美军从海上力量向空中力量转型。

开发喷气式飞机，构筑空中力量

第二次世界大战的战争规模远远超过第一次世界大战。第二次世界大战后，不仅战败国德国、日本、意大利受到重创，连战胜国英国、法国、苏联也蒙受巨大损失。唯独美国获益匪浅。美国空军在欧洲、日本，以及海上都发挥了机动性好、破坏力强等优势，由此取得了胜利。在第二次世界大战期间，只有英国和德国使用喷气式飞机做战斗机，其速度是螺旋桨飞机的两倍。可以看出，美国在喷气式飞机方面落后于英国和德国。

美国意图掌握空域霸权，苏联则运用火箭技术与美国对抗。可以说冷战就是通过空军力量争夺霸权。美国通过确保庞大的军费开支，维持着占绝对优势的航空战斗力。不仅如此，美国还致力于开发喷气式民用客机，控制着世界航空运输业。20世纪50年代末，波音公司、道格拉斯公司开发了民用喷气式飞机。20世纪60年代，美国开发出波音747飞机，能够运输大量乘客。之后，航空运费下降，喷气式客机翱翔在世界的天空。空域时代到来了。

在美国主导下，在世界范围内形成了空运网络。不过，空运网络只是美国霸权的一部分，而且是美国空域霸权的第一阶段。制造飞机的工序非常复杂，需要组装数百万个零件。当今，美国波音飞机与法德合作成立的空中客车公司，垄断了世界航空制造业，向世界供应大量的喷气式飞机。

据IATA（国际航空运输协会）讲，2018年的飞机乘客总人次为43亿。由于廉价航空公司（LCC）的大量涌现，估计在2036年，飞机乘客会达到78亿人次。特别值得一提的是中国的航空运输普及很快。估计到2022年，中国的飞机乘客将超过美国。由于中国的航空运输量猛增，波音公司和空中客车公司为了确保中国市场，不惜出让部分技术，打算和中国进行合资。今后，中国的民用飞机生产商肯定会获得飞跃式发展。

标榜民主和树立假想敌是美国获得发展的武器

在 19 世纪，英国率先垂范，建立从海上连接各大陆的体系，并以此维持霸权。而当时美国属于新兴国家，国内还未完全统一，要和英国争霸，还面临诸多困难。但在争霸之际，美国模仿的对象却非英国莫属。英国当时争霸靠的就是纸币英镑、贸易结算体系、自由贸易、海军力量、谍报系统等。然而，在爆发世界经济危机之后，世界各国经济萧条。随后第二次世界大战，又令国际社会和经济受到重创。因此，美国采取切实措施，使得世界经济复苏，让各国支持美国称霸。这样一来，美国在短时间内构筑起霸权体系。在这一过程中，美国国内并未取得一致意见。所以，美国不断设定法西斯、日本、苏联、中国等为假想敌，把这些国家看作是对美国的威胁。美国政府打着保卫美国的旗号，不断加强海军、空军、海军陆战队的力量，构筑起霸权体系。

在 20 世纪 30 年代，美国为了摆脱经济危机而实施罗斯福新政。在这一时期，美国民主党已经为战后的霸权体系描绘了蓝图。罗斯福总统确信美国会参战并获胜。因此，罗斯福动员美国国务院和财政部精心设计第二次世界大战后获得霸权的路线图。美国获得霸权的构想是："向美国民众宣传第二次世界大战是民主国家和法西斯国家的战争，在与苏联、中国联手打倒法西斯后建立联合国。在联合国的领导下建立民主的世界秩序。美国在其中起到主导性作用。"美国的霸权构想的核心内容是"不要再发生不幸的世界大战"。

在 1945 年举行的雅尔塔会谈中，罗斯福、丘吉尔、斯大林三人签署了《雅尔塔协定》。该协定描绘了第二次世界大战后的世界发展蓝图。

三个会议是美国获得霸权的基础

1944 年至 1945 年，召开了三个国际会议。美国在这三个会议上提出了建议，为确立第二次世界大战后的美国的霸权地位奠定了基础。详情如下：

就设立联合国事宜，召开敦巴顿橡胶园国际会议。根据会议精神，1945 年设立联合国，最初由 51 个成员国组成。美国、英国、法国、苏联、中国是常任理事国，在安理会中拥有否决权。设立联合国的目的是解决国际纠纷，维护世界和平。

就第二次世界大战后的世界经济秩序，召开布雷顿森林会议。在会议上决定实行固定汇率制，规定美元是唯一可以和黄金兑换的纸币。这样一来，美元就成为国际货币。美国通过货币、金融手段从经济上掌握了世界霸权。国际货币基金（IMF）、国际复兴开发银行（亦即世界银行）起着维护美国的经济霸权的作用。

就第二次世界大战后设定民用飞机航线和民用飞机的销售，召开芝加哥民用航空会议。在会议上，美国主张建设覆盖全球的民用飞机航线网络。由此可见，美国把飞机的制造、销售定位为霸权的一部分，旨在掌握世界航空业的主导权。在芝加哥民用航空会议上，决定设立国际民用航空组织（ICAO），其目的是讨论并解决飞机的销售、航线的开通、航运技术、航空管制、机场管理、反恐措施等问题。在国际民用航空机构下面设立国际航空运输协会（IATA），其实质是世界民用航空公司协会。该机构的职责是通过设定世界航运路线和对飞机票实行结算，建立全球性的客机运行网络。英国曾经依靠蒸汽轮船控制全世界的海洋。美国也模仿英国的做法，通过飞机控制全世界的天空。

美国在短期内建立了霸权机制

1989 年，冷战结束。在冷战结束前的美国的霸权具有下述特征：

美国和英国合作，基本上继承了英国的霸权模式；

美国的军事力量的核心是强大的核力量和空中力量；

美国宣传第二次世界大战是民主国家和法西斯国家的战争，美国以维护民主、人权、世界和平的卫道士自居，在谋求霸权过程中争得美国民众的支持；

美国打破 19 世纪的殖民体系，创造对美国企业有利的营商环境；

美国利用联合国安理会常任理事国的地位维护自己的霸权；

美国将美元定为唯一可以与黄金兑换的货币（黄金美元本位

制），实行固定汇率制——通过这些措施，建立了以美元为主导的
国际货币体系；

美国废除保护性关税，推进自由贸易；

美国主导构建民用航空特别是喷气式飞机航线网络。

在第一次世界大战后，美国的工业生产总值占世界的一半以
上，美国的黄金储备更是占到世界总储备的3/4以上。不过，美国
毕竟是新兴国家，人们还不太认可美国的霸权地位。因此，美国有
必要在世界濒临饥饿状态时，建立霸权机制。于是，美国以"民主
国家和法西斯国家之间的战争"的领导者自居，主导建立联合国，
在短时间内构筑起霸权体系。美国基本上是靠美元的力量建立的
霸权。美国通过把美元作为唯一的国际货币，为取得霸权奠定了坚
实的经济基础。从1944年至1973年，美国一直维持着美元黄金本
位制。

美苏冷战

从1946年至1989年，美苏之间的冷战持续了约40年。美国
拥有海上力量和空中力量。而苏联将东欧作为自己的势力范围，
拥有强大的陆地力量。苏联在意识形态上为社会主义，和美国对
抗。这就是冷战的实质内容。1949年，中华人民共和国成立并走
上了社会主义道路。美苏对立扩展至世界各地，朝鲜战争、古巴危
机、越南战争等战争相继爆发。美国采取各种措施封锁、包围苏

联。东西两大阵营开展了旷日持久的核竞赛。

到了20世纪60年代中期，美苏两国利用冷战带来的恐慌，管理并操纵本国民众、同盟国。在第二次世界大战期间，美国军队规模急速膨胀。维持庞大的军队并控制加入北约组织的同盟国，对冷战中的美国来说是不可或缺的。第二次世界大战后，苏联经济不振，物资匮乏。尽管如此，苏联通过华约组织控制着东欧各国。对美国和苏联来说，冷战是符合国家利益的。但是，冷战没有永远持续下去。这是因为苏联的经济状况急速恶化。

不论在技术层面还是在财务层面，苏联和美国相比，都有很大的差距。不论在军备竞赛还是在经济竞争中，苏联都不是美国的对手。最终，戈尔巴乔夫的改革以失败告终，不得已选择了结束冷战。之后，苏联解体。1991年，成立了以俄罗斯共和国为核心的独联体。波罗的海三国、乌克兰、白俄罗斯、格鲁吉亚、中亚五国脱离独联体。俄罗斯的人口仅比日本多1000万。苏联解体后，形成了美国一家独大的态势。中国则一直执行改革开放、建设中国特色社会主义道路的国策，国家政治经济形势稳定。

苏联解体后，美国霸权体制的性质发生了变化。当时，经济全球化趋势日益明显。美国开始将资本和技术向中国转移，利用中国的廉价劳动力获得丰厚利润，中国成为世界工厂。"中国制造"行销全球，中国经济获得了飞跃发展。由于美国和中国处于"蜜月期"，世界经济结构发生了变化。

真正意义上的空域霸权始于互联网

美元危机和"空域世界"的重组

美国致力于稳定美元纸币的币值，并在世界各国流通。通过这一措施，美国维持着其经济霸权。以前，干燥地带的帝国为了维持霸权，致力于保障小麦的生产消费循环。相较而言，二者有异曲同工之妙。然而，从 20 世纪 50 年代后半期开始，美元的流通开始出现问题。这是因为美国的国际收支赤字不断扩大。美元从美国大量流出，世界各国的美元储备增加。但由于美元纸币发行量过大，世界各国对美元的信心开始动摇。1958 年至 1959 年，在这短短的两年时间里有相当于 34 亿美元的黄金流出美国。为了维护美元的币值，美国尝试限制美元的交易。但人们对美国的这一措施十分不满，便在伦敦建立了欧洲美元市场，将美元在欧洲投资，不返回美国。美国政府要求各国政府停止用美元兑换黄金，但是收效甚微。因此，美元持续贬值。

1971 年，人们预测美元会贬值，于是纷纷在外汇市场上抛售美元。1971年8月，美元币值下跌严重，美国政府明显支撑不住了。于是，尼克松总统迫不得已停止了美元和黄金的兑换。这就是"尼克松冲击"。1973年1月，主要的资本主义大国开始实行浮动汇率制。美元变成了不可与黄金直接兑换的纸币，美国的霸权地位开始发生动摇。但是，美元依然是石油买卖的唯一结算货币，总算维持了世界基准货币的地位。大约在同一时期，爆发了第四次中东战争（1973）和伊朗革命（1979）。受此影响，石油价格猛涨。又由于美元大幅下跌，造成了通货膨胀。石油危机的爆发导致能源成本的暴涨。

欧美企业打算用廉价的劳动力来应对能源成本的上涨。为此，欧美企业将资本和技术向劳动力低廉的亚洲各国转移。一直以来，日本和德国在制造业上领先世界。而此时，中国、韩国、新加坡、东南亚各国、印度等凭借引进的先进技术很快地实现了工业化，经济快速增长。

在这一背景下，美国将军用互联网技术转为了民用，将互联网用作维持霸权的手段。20世纪90年代之后，互联网获得了迅猛发展，在全世界范围内普及。与此同时，美国构筑了支撑金融资本的互联网技术体系。在这一体系中，金融产业、信息产业处于主导地位。美国利用互联网技术进入空域霸权的第二阶段。美国创造了全世界范围内的电子空间，这堪称第二个大航海时代。通过这一策略，美国重构了霸权。

一些国家因经济全球化和财政困难而衰落

美国采取了经济的金融化和企业的跨国化政策。这一政策减少了美国的税收。税收的减少削弱了美国的国力，动摇了国民的生活基础。另一边，英国则利用在海洋世界积累的财产在全球范围内建立避税天堂，给全世界企业带来了减轻税负的机会。可以想见，英国正在试图夺回世界金融霸主之位。"本国利益优先"并非是美国的独创。

即便在 21 世纪，各国的利益冲突不断。因民族传统、文化不同，世界各国在政治上进行合作乃至统一是很困难的。英国脱欧、欧盟内部矛盾重重便是明证。在政治层面，陆地世界的思维依然根深蒂固。历史上形成的民族矛盾、宗教矛盾根深蒂固。国际社会依然没有能够制定出新的规则。

在这种情况下，全球性大企业为了谋求利润的最大化，以国际竞争加剧为由要求政府减税。与此同时，这些大企业将企业向劳动力价格低廉的地区转移，还利用"避税天堂"逃税。经济活动的跨国化趋势越来越明显。由于税收减少，国家财政捉襟见肘，政府的债务增加。美国国内贫富差距拉大，移民、难民大量流入美国。这些问题都需要解决。随着国际化进程的不断继续，需要加强基础设施建设。恐怖主义者有可能攻击电脑的服务器，必须予以防范。这些都需要投入大量的资金。因此，财政支出不断增加，国家财政日益捉襟见肘。在这一背景下，民粹主义逐渐抬头。民粹主义标榜主权在民，主张少数服从多数，反对精英主义。共和党的特朗普当选美国总统，改变了此前的国策，主张美国利益至上。英国也举行公投，决定脱离欧盟。这些现象都属于民粹主义的抬头。

以金融风暴为契机中美之间产生矛盾

与此同时，跨国企业为了压低生产成本，不断把工厂迁到国外。结果，除了武器生产、飞机制造等领域之外，美国制造业纷纷衰退。于是，美国在世界范围内推动了经济的金融化。其具体做法是利用 20 世纪 90 年代的互联网普及，凭借 IT 技术发展金融业，依靠服务业促进经济的增长。

如上所述，在冷战结束后，美国制造业开始把工厂迁到人口占世界 1/5 的中国。19 世纪以来，美国的世界战略之一就是独占中国市场，而今美国以外包业务的方式实现了这一愿望。由美国企业负责研发，由设在中国的工厂生产从服装到电脑等各种各样的产品。历史学家尼尔·范克逊将这种现象称作"中美国"，意思是中国产业界成为美国企业的承包公司。

冷战结束后，苏联解体。受此影响，俄罗斯经济一直在衰退，GDP 甚至排在了韩国后面。乍一看，美国的霸权稳如磐石。然而，美国通过把债权证券化，令金融产品、金融衍生产品泛滥。美国金融界在全世界范围内为赚取利息而忙得不亦乐乎。2008 年，雷曼兄弟公司危机爆发，美国金融业遭到重创。美国政府通过滥发美元纸币，向巴西、俄罗斯、印度、中国、南非等金砖五国投资，让金融业摆脱了金融危机。但是，美国的一般企业、民众并没有享受到经济复苏的实惠。美国国内贫富差距拉大，民众十分不满。

由于雷曼兄弟公司危机，中国的对美贸易萎靡不振。于是，中国政府投资4万亿元，在内陆省份修建高速路、高铁，加大交通基础建设的力度。通过这些投资，中国为世界经济的复苏做出了贡献，中国的国际地位提高。习近平当选总书记之后，本着互惠互利的原则，提出并推行"一带一路"倡议，为中国和"一带一路"沿线国家谋福祉。

"霸权企业" GAFA 以及中国的应对措施

IT 巨人 GAFA

20 世纪 90 年代之后，美国的空域霸权从航空产业转向了 IT 产业。美国通过 IT 产业支配并利用互联网产生了全球规模的电子空间。美国多角度、多层面充分利用全球的电子空间功能，在短时间内重构了霸权。而今，GAFA 已经成长为电子空间企业的巨头。美国通过 GAFA 成功地对经济霸权进行了重组。GAFA 是指谷歌（Google，搜索引擎）、苹果（Apple，生产、提供苹果智能手机）、脸书（Facebook，拥有 12 亿用户的社交媒体）、亚马逊（Amazon，通过亚马逊电子市场进行零售）。不过，为了构筑全球规模的网络，美国的 IT 技术扩散到世界各地。中国的华为、阿里巴巴、腾讯、百度等巨型 IT 企业迅速发展起来。

在世界文明形成的时期，陆地世界分为埃及、美索不达米亚、印度河流域的小麦地区和黄河流域的粟米地区。同样，互联网平台也分为美国区和中华区。GAFA 通过引进大数据、AI 等技术，加强了美国的经济霸权。GAFA 的资产与德国的国内生产总值相当。IT 巨人 GAFA 运用 IT 技术成为人类历史上第一批霸权企业。GAFA 不是帝国、国家，而是提供服务的企业，它们获得了巨额的利润。这一现状象征性地体现了空域世界霸权的形式。

中国的"三级跳"

中国在国家主席习近平的领导下，在陆、海、空全部领域追赶美国，朝着中华民族的伟大复兴目标前进。可以说中国排除万难，以三级跳方式朝着既定的目标迈进。在美国实行"中美国"政策期间，中国积累了庞大的美元外汇储备。中国以此为后盾积极推动人民币的国际化和"一带一路"倡议。

中国的城市人口和农村人口分别占总人口的 45% 和 55%，土地归国家所有。属于农村户口的农民工为城市提供了劳动力，支撑着城市的经济繁荣。

中国为了捍卫自己的主权，扩充海军、建造航母，大批量生产飞机。不过，从历史上看，中国是典型的内陆国家，近代以来海上力量并不强大。20 世纪 20 年代至 40 年代的革命时期，红军、八路军、解放军实际上都是陆军。中国要将军队的中心转移到海军上绝非易事。中国非常重视空中力量的建设，扩展了喷气式客机的规模，世界最大的机场北京大兴国际机场已竣工。中国的无人机技术在世界上也处于领先水平。在电子空间领域，阿里巴巴、腾讯、百度等利用中国占世界 1/5 人口的优势，构筑了平台，短时间内中国成为与美国比肩的 IT 大国。

现在，世界正处于 IT 产业的大变革时期，IT 产业被誉为第四次产业革命。第四次产业革命的核心内容就是从 4G 向 5G 转换升级。中国把发展 IT 产业作为国策，在这个领域投入了巨额资金。以 4G 向 5G 转换升级为契机，中国将在空域世界确立优势地位。

中美围绕 5G 竞争激烈，结果将会如何

中国国家主席习近平描绘了宏伟蓝图，要让中国在建国 100 周年亦即 2049 年之前成为世界的制造大国。此外，中国政府还公布了《中国制造 2025》，计划在 2015 年后的 10 年，下大力气推进制造业的数据化、网络化、智能化进程，跻身制造业强国行列。为了促进经济增长，中国政府要重点发展信息通信、机器人、宇宙航空产业、海洋工程、尖端铁路交通、节能汽车、电力装备、农机装备、新材料、生物医药等。这些领域几乎囊括了经济领域的各个方面。

如前文所述，世界面临的紧要课题是从 4G 向 5G 转型升级。这一工程即将在 2020 年启动，这是支撑 IoT（物联网）、AI（人工智能）社会的基础设施。5G 的通信速度快，是 4G 的 100 倍，而且容量更大，每平方公里能够连接 100 万个终端和装置。使用 5G 就可以实现 IoT 亦即物联网，建筑物、电器、机械、汽车、医疗器械

等所有东西都可以通过互联网连在一起。可以说 5G 是通信技术的变革。

美国认为，如果中国在 5G 技术上掌握了主导权，将导致美国利用互联网获得的霸权地位面临挑战。于是，中美两国围绕着 5G 技术，在全球范围内展开了激烈的竞争。2017 年在高科技领域在世界上排第一位的产品中，美国有 24 种，日本有 10 种，中国有 9 种。中国在手机通讯基础设施基站的建设技术、监视器技术方面处于世界领先地位。基站建设在从 4G 向 5G 过渡中不可或缺。在这方面，中国的华为是世界第一，约占 30%；中国的通讯器械大公司 ZTE 排在世界第四位，约占 13%。华为技术实力雄厚，发展迅猛。美国政府和美国国会都担心中国以向 5G 过渡为契机，夺走美国在 IT 产业的主导地位。因此，美国开始采取措施打击华为。2018 年 12 月，华为的财务总监孟晚舟在加拿大被捕。这个事件读者们记忆犹新。时至今日，问题依然悬而未决。

空域世界在 IT 技术的支撑下，将会合理、高效运转。实际上，空域世界和陆地世界、海洋世界息息相关。人类生活在陆地和海洋，企业单纯为了增加利润而破坏陆地和海洋环境是不可取的。

估计在不久的将来，互联网和历史上形成的两个世界会发生矛盾。那时应该从由陆、海、空构成的世界史的角度重新审视这个世界。

A·コーン　星野芳久訳"都市形成の歴史"（鹿島出版会·1968）

　A·トインビー　桑原武夫他訳"図説　歴史の研究"（学研·1975）

　A·トインビー　長谷川松治訳"爆発する都市"（社会思想社·1975）

　B·ルイス　林武他訳"アラブの歴史"（みすず書房·1967）

　E·J·ボブズボーム　安川悦子他訳"市民革命と産業革命　二重革命の時代"（岩波書店·1968）

　陳高華　佐竹靖彦訳"元の大都　マルコ·ポーロの時代の北京"（中公新書·1984）

　D·モーガン　杉山正明他訳"モンゴル帝国の歴史"（角川選書·1993）

　E·ウィリアムズ 川北稔訳"コロンブスからカストロまで――カリブ海域史（Ⅰ）（Ⅱ）1492―1969"（岩波現代選書·1978）

　F·カーティン 田村愛理他訳"異文化間交易の世界史"（NTT出版·2002）

　F·ヒッティ 岩永博訳"アラブの歴史 上·下"（講談社学術文庫·1983）

　藤田弘夫"都市と国家―都市社会学を越えて―"（ミネルヴァ書房·1990）

　J·パーカー 浅香正訳"同時代史的図解世界史"（帝国書院·1988）

　H·フランクフォート 曽田淑子、森岡妙子訳"古代オリエント文明の誕生"（岩波書店·1962）

　I·ウォーラーステイン 川北稔訳"近代世界システム―農業資本主義と「ヨーロッパ世界経済」の成立"（岩波書店·1981）

　I·ウォーラーステイン 川北稔訳"近代世界システム 1600―1750"（名古屋大学出版会·1993）

　稲垣栄洋"世界史を大きく動かした植物"（PHP研究所·2018）

　岩村忍"文明の経済構造"（中公叢書·1978）

　伊豫谷登士翁"変貌する世界都市 都市と人のグローバリゼーション"（有斐閣·1993）

　ジャネット·L·アブー＝ルゴド 佐藤次高他訳"ヨーロッパ

覇権以前（上)·（下)”（岩波書店·2001)

　ジョルジュ＝ルフラン 町田実他訳“商業 の 歴史”（白水社·1986)

　スコット·ギャロウェイ 渡会圭子訳“the four GAFA 四騎士 が 創り 変えた 世界”（東洋経済新報社·2018)

　木内登英“トランプ貿易戦争 日本 を 揺るがす 米中衝突”（日本経済新聞出版社·2018)

　慶応義塾大学地域研究 センター編“地域研究 と 第三世界”（慶応通信·1989)

　クリュチェフスキー 八重樫喬任訳“ロシア 史講和 1”（恒文社·1979)

　小林高四郎“東西交流史―シルクロードを 中心 として”（西田書店·1975)

　杉山正明“モンゴル帝国 と 長い その 後”（講談学術文庫·2016)

　松田武·秋田茂編“ヘゲモニー国家 と 世界 システム

　20 世紀 をふりかえって”（山川出版·2002)

　松田寿雄“アジアの 歴史―東西交渉 からみた 前近代 の 歴史像”（岩波書店·1992)

　ミシェル·ボー 筆宝康之、勝俣誠訳“資本主義 の 世界史 1500―1995”（藤原書店·1996)

　三船恵美“中国外交戦略 その 根底 にあるもの”（講談社選

書 メチエ·2016）

　　NHK取材班編 "大 モンゴル 3 大 いなる 都 巨大 国家 の 遺産"（角川書店·1992）

　　岡田英弘 "世界史 の 誕生"（ちくまライブラリー·1992）

　　愛宕松男 "東洋史学論集 第 4 巻 元朝史"（三一書房·1988）

　　愛宕元 "中国 の 城郭 都市 殷周 から 明清 まで"（中公新書·1991）

　　佐口透編 "モンゴル 帝国 と 西洋"（平凡社·1970）

　　佐藤圭四郎 "イスラーム 商業史 の 研究 坿東西交渉史"（同朋舎·1981）

　　嶋田襄平編 "イスラム 帝国 の 遺産"（平凡社·1970）

　　杉山正明 "大 モンゴル の 世界—陸 と 海 の 巨大帝国"（角川選書·1992）

　　S·W·ミンツ 川北稔他訳 "甘 さと 権力—砂糖 が 語る 近代史"（平凡社·1988）